한국,
일본을
포용하다
한일 화해 3.0을 향하여

지체된 화해와
강요된 화해를 넘어

박홍규

한국,
일본을
포용하다

한일 화해 3.0을 향하여

경인문화사

○ 차례 ○

○ 들어가며 ○
지적 용기와 정치적 결단 • 6

○ 1부 일본의 책임을 추궁하다 ○

1장 박정희, 협력의 시대를 열다 • 18
2장 일본을 용서한 김대중 • 27
3장 박근혜의 위안부 합의 • 36
4장 대법원 판결과 역사 전쟁 • 57
5장 회한이 남는 문희상 법안 • 69

○ 2부 일본을 포용하다 ○

6장   포용론적 화해론을 제시하다 • 94
7장   민관협의회가 열리다 • 108
8장   이어지는 교착 상태 • 130
9장   공개 토론회의 아우성 • 151
10장 윤석열의 포용적 결단 • 168

3부 한일 화해 3.0을 향하여

11장 　포용론적 치유와 국민 화합 • 178

12장 　천황 방한을 실현하자 • 192

13장 　한일 신조약을 체결하자 • 202

14장 　한일 화해위원회를 설치하자 • 208

15장 　사회적 화해로 이행하자 • 216

16장 　한일 화해공동체를 향하여 • 225

나가며
역사는 도도히 흐른다 • 231

부록
'한일 화해재단' 설립해 한일 공조의 새로운 틀 만들자 • 238

들어가며

지적 용기와 정치적 결단

2023년 1월 12일 국회 의원회관에서 공개 토론회가 열렸다. 넓은 회의장의 앞부분에는 강제징용 피해자와 유족 및 지원단체 그리고 관련자들이 자리를 메우고 있었다. 언론사의 수많은 카메라가 회의장의 모습을 촬영하고 있었다.

단상에 앉은 발제자와 패널들이 정해진 순서에 따라 발언했다. 모두 자신에게 주어진 역할을 적절히 수행하고 있었다. 서민정 외교부 아시아태평양국장부터 시작하여 심규선 일제강제동원피해자지원재단 이사장 그리고 피해자 측 패널들의 발언이 이어졌다. 이미 언론을 통해 보도된 내용들이었기에 특별히 새로운 것은 아니었다. 긴장감이 맴돌고 있었지만 장내의 청중들은 차분히 경청하고 있었다.

나의 차례가 되었다. 나도 나에게 주어진 배역을 적절히 소화하면 되었다. 외교부와 피해자 사이에서 적당히 줄타기하면서 발언의 수위를 조절하며 주어진 5분의 시간을 무난히 보내는 것이 학자인 나에게 맡겨진 소임이었을 것이다.

그러나 "저는 무거운 책임감을 가지고 제가 갖고 있는 지식과 양심에 따라서만 말씀을 드리도록 하겠습니다"라고 말문을 연 나는 내가 알고 있는 사실에 따라 발언했다. 에둘지 않고 직설적으로 소신 발언을 이어갔다. "이제 일본의 사죄와 기금 참여와 같은 것에 대해서는 기대를 가져서는 안 됩니다"라고 말하자 장내가 크게 술렁이더니 아우성이 터져나왔다.

"친일파!" "매국노!"

계속 이어지는 비난의 아우성에 묻혀 준비한 말을 다하지 못한 채 마무리했다. 이 장면은 실시간 방송을 타고 그대로 송출되었다.

윤석열 정부 출범 이후 민관협의회를 거치면서 강제징용 피해자 문제(이하, 징용자 문제)의 해법을 검토해오던 외교부는 제3자 변제안을 마련하고, 이날 공개 토론회를 열어 피해 관련자를 포함하여 일반 국민에게 지금까지의 논의 과정 및 일본과의 협상 내용을 공론화했다.

민관협의회에 참석했던 나는 이 안이 최선의 안이라고 생각하지 않았다. 그럼에도 여야 협치가 부재한 적대적 정치의 한복판에서 선택할 수밖에 없는 안이라고 판단한 나는 에두르지 않고 단호하게 발언했던 것이다. 비난을 받을 수는 있겠지만 냉정하게 외교적 현실을 인식한 위에서 지적인 용기를 발휘할 필요가 있다고 생각했다. 이 판단에 대한 나의 소신은 지금도 변함이 없다.

현대 한일 관계는 나의 전공 영역이 아니다. 나는 일본에 유학한 이래 동아시아 삼국의 전통 시대에 관한 역사와 사상을 주로 연구했다. 대체로 오늘날의 한일 역사 문제와 직접적인 관련은 없다. 그런 내가 현대 한일 역사 문제에 관심을 갖게 된 계기는 2015년의 한일 정부 간 위안부 합의였다. 합의 발표 당시 나는 상당히 괜찮은 합의라고 보고 이후 한일 관계가 원만히 개선되리라고 생각했다. 그러나 내 생각과는 달리 한일 관계는 악화 일로를 걸었다. 왜 이렇게 되어가고 있는가. 많은 전문가와 정치가는 도대체 무엇을 하고 있단 말인가. 나는 더 이상 전통 시대에 머물 수 없었다. 관련 글들을 읽고, 한국과 일본의 전문가들에게 의견을 들었다.

이 책은 2015년 이후 현대 한일 관계에 본격적으로 관심을 갖게 되면서 관계 개선을 위해 공부하고 사색하며 활동한 내용을 기반으로 한다. 1부와 2부에서는 한일 관계를 파국 직전까지 끌고 갔던 징용자 문제를 중심으로 문희상안이 등장해서 소멸하는 과정과 윤석열 정부 출범 이후 제3자 변제안이 마련되어 실행되는 과정에 초점을 맞추었다. 3부에서는 앞으로 실현되기 바라는 한일 화해 3.0을 향한 실천 방안을 제시했다.

한일 역사 문제에 관해서는 다양한 입장과 견해가 있다. 이 책을 관통하는 나의 관점과 철학을 미리 기술해두는 것이 좋을 것 같다.

우선 화해의 개념이다. 이 글에서 사용하는 화해 개념은 종교적 구원, 윤리(도덕)적 응보, 법적 정의 실현을 통해 화해를 추구하는 종교적, 윤리적, 법적 화해와 구별되는 정치적 화해다. 따라서 정치적 책임, 정치적 공간, 정치적 과정, 정치적 협상, 외교적 합의 등의 관련 용어들이 사용된다. 정치적 화해에서 가장 중요한 행위자는 정부다. 정부는 자국의 피해자, 가해자, 시민단체, 일반 국민 등의 의사를 결집하여 상대국 정부와 외교적 협의를 통해 화해를 모색한다.

정치적 화해는 점진적이고 지속적인 화해의 과정이다.

가장 추상적인 의미에서 화해란 갈등 관계에 놓여 있던 둘 또는 그 이상의 당사자들의 관계가 개선된 상태라고 정의할 수 있다. 어느 정도의 관계 개선을 화해로 볼 것인지는 이론적 입장에 따라 큰 차이가 있는데, 크게 네 가지 범주에서의 변화를 수반하는 것으로 이해되고 있다. 첫째는 외적 행위의 변화다. 공격적 또는 모욕적 행위를 멈추고, 상대와 협력하려고 하며, 공통의 제도나 실천에 참여하는 것을 예로 들 수 있다. 둘째는 신념의 변화다. 상대를 근본적인 악이나 자신에게 예측 불가능한 위험을 안겨주는 존재로 바라보지 않는 것이다. 셋째는 부정적인 감정과 태도의 해소다. 과오를 저지른 대상에 대한 원한이나 증오, 두려움 등을 극복하고, 수치심이나 죄책감을 관리하는 것이다. 넷째는 긍정적인 감정과 태도를 취하는 것이다. 상호 존중과 신뢰, 공유되는 정체성, 공통의 도덕적 규범에 대한 상호 재확신 등을 갖는 것을 말한다. 즉, 화해란 적대적인 신념, 감정, 태도 등을 간직한 채 단순히 공존하는 낮은 단계로부터 서로를 존중하는 신뢰 위에서 협력을 통해 공통의 미래를 발전시켜 나가는 높은 단계에 이르기까지 다양한 층위를 포괄한다. 그러므로 화해는 갈등이 완전히 해소된 상태를 지향하되, 낮은 단계에서 높은 단계로 관계를 발전시켜가는 지속적인 과정을 의미한다고 할 수 있다.

정치적 화해는 점진적이고 지속적인 화해의 과정이지만, 그 과정의 어느 시점에서 도약의 순간이 발생한다. 이 책에서는 화해의 수준이 도약하는 단계적 시점에 주목한다. 이때 결정적인 요인으로 작용하는 것이 '정치적 결단'을 통해 발휘되는 정치 리더십이다. 정치 지도자는 시대적 사명(요청, 과제)과 현실적 제약의 긴장 관계 속에서 정치적 결단을 통해 역사 화해를 이루어낸다. 1945년 일본의 패전과 한국의 해방 이후, 한일 관계는 정치 지도자의 정치적 결단에 따른 역사 화해라는 정치적 행위를 통해 단계적으로 발전해왔고, 지금은 새로운 역사 화해가 진행되는 시점에 진입해 있다.

이러한 단계론의 시각에 따라 시기 구분이 가능하다.

첫 번째 역사 화해는 1965년의 청구권 협정에 의한 국교정상화였으며, 두 번째 역사 화해는 1998년의 김대중-오부치 파트너십 선언(정식 명칭은 '21세기의 새로운 한·일 파트너십 공동선언'. 이하, 파트너십 선언이라고 약칭함)이었다. 나는 전자를 '한일 화해 1.0'으로 후자를 '한일 화해 2.0'으로 부르고, 지금 진행되고 있는 세 번째 역사 화해를 '한일 화해 3.0'으로 부를 것이다.

여기서 확인해 둘 점은 1.0에서 2.0까지 한일 역사 화해의 철학적 토대가 '책임론적 화해론'이었다는 점이다. 책임론적 화해론을 구성하는 요소는 정의, 책임, 가해자, 피해자, 반성, 사죄, 용서, 배상, 기억, 추모, 교육 등의 개념이다. 책임론적 화해론은 '가해자의 책임 인정과 사죄→피해자의 용서→양자의 화해'로 도식화할 수 있는데, 역사적 부정의에 대해 가해자가 책임을 지는 행위를 통해 정의가 달성되고 화해가 이뤄진다는 시각이다. 이는 가해자가 먼저 잘못을 저지른 행위와 그러한 행위가 초래한 피해에 대한 인정과 후회를 공개적 사죄를 통해 표현하고, 적절한 처벌이나 배상을 통해 잘못에 따른 책임을 이행하면, 피해자가 그에 대한 반응으로 분노와 적개심을 내려놓고 상대를 용서한다는 교환적 용서 개념에 기초하고 있다.

이 시각에서 보면, 한일 간의 역사 화해가 이뤄지지 않고 있는 원인은 식민지 시기의 역사적 부정의에 대한 책임을 회피 또는 축소하려는 일본 측에 돌려진다. 일본 정부가 식민지 과거사 문제는 1965년 한일 청구권 협정을 통해 이미 법적으로 해결됐다는 입장을 고수하고 있고, 가해 사실에 대한 인정과 배상 책임이 불충분하기 때문에 용서와 화해가 이뤄지지 않고 있다는 것이다. 이러한 인식은 '위안부 운동'과 같이 가해자인 일본 정부의 법적 책임을 요구하는 사회 운동의 기저에 자리 잡고 있으며, 피해 당사자를 배제한 채 책임을 회피하는 일본 정부와 외교적 합의를 추진한 한국 정부에 대한 국민적 분노와 반일 민족주의의 토대가 되어왔다.

문제는 이러한 화해 과정에 한일 관계를 포함하여 세계 여러 곳에서 국내 및 국제 화해에 큰 기능을 수행해왔던 책임론적 화해 관점이 오히려 화해에 걸림돌이 될 수 있다는 점이다. 다시 말해 화해가 진행되는 어느 시점부터는 그 관점이 오히려 화해를 지체시키는 요인으로 작용하여 현실은 화해가 아니라 화해에 반하는 양상을 드러내는 역설적 현상이 발생한다. 이를 '지체된 화해'라고 부른다. 책임론적 화해 관점을 고수한 나머지 유연성을 상실하여 '가해자-피해자'의 이분법적 틀 속에 갇혀버린 채, 당사자 간의 인식적 불일치가 존재할 수 있음을 인정하고 서로를 존중하는 가운데 이러한 격차를 줄여가기 위한 상호 간의 숙의 과정과 실천을 도외시할 수 있기 때문이다. 가해자는 피해자가 납득할 수 있을 때까지 사죄하고 책임을 져야 한다는 시각은 자칫 피해자가 우위의 입장에서 가해자에게 무한한 책임을 요구할 수 있다는 인식을 낳을 수 있다. 이는 가해자의 수치심을 지속적으로 자극함으로써 가해자가 자신의 책임을 회피하게 만들 수 있으며, 화해를 이루는 데 있어 피해자에게도 책임이 있음을 인식하지 못하게 한다. 화해를 추구한다면 가해자 측만이 아니라 피해자 측도 일정 부분 책임이 있다는 점을 간과해서는 안 된다. 물론 피해자 측의 책임을 인정한다고 해서 가해자 측의 책임이 상쇄되거나 면죄되는 것은 아니다.

피해자 측의 책임을 인식하지 못한 결과 가해자와 피해자의 사이는 더 멀어지고, 상대에 대한 분노나 적대감이 더 커진다. 실제로 일본 국민들 사이에는 그동안 진지하게 사죄하고, 열심히 성의를 표현했음에도 불구하고 한국은 오히려 더 고자세로 나올 뿐이라는 분노가 표출되고, 이것이 '혐한' 의식으로 이어졌다. 이로 인해 한국에서는 진정한 '반성 없는 일본'에 대한 반감이 점점 높아져 갔다. 이처럼 화해가 지체되고 있다면, 화해에 대한 우리의 지배적 관점인 책임론적 화해론에 문제가 있는 것은 아닌지 진지하게 성찰해 볼 시점에 와 있다고 할 수 있다.

이 책에서는 2018년 강제징용 대법원 판결 이후 악화된 한일 관계는 책임론적 화해론의 수명이 다했음을 보여준다고 주장한다. 오늘날 대한민국은 경제·군사력에서 세계 10대 선진 강국의 대열에 올라섰다. 문화의 힘은 그보다 훨씬 눈부시게 분출하고 있다. 한국의 국격은 청구권 협정이 체결되었던 1965년이나, 파트너십 선언을 단행했던 98년과는 현격히 다르다. 이제 우리는 스스로에 대해 긍지를 가지고 국제사회에서 높아진 국격에 걸맞은 사고와 행위를 해야 한다. 피해자 의식 민족주의에서 벗어나면서도 일본이 과거에 대한 책임을 회피하지 않도록 유도해야 한다. 이를 '포용론적 화해론'이라는 새로운 철학에 기초해 설명하고자 했다. 일본이 움직이길 기다리는 것이 아니라 우리가 한 발짝 먼저 나가 일본이 책임 있는 선택을 할 수 있도록 돕는 것이다. 이를 위해서는 민족주의적 반일 감정을 미래지향적 방향으로 전환시킬 수 있도록 지식인과 정치인의 숙고된 용기가 필요하다.

이 책을 집필하는 과정에서 한일 역사 문제의 본질에 해당한다고 생각하는 점을 명제화했다. 제1 명제는 '한일 문제는 국내 문제다'이다. 한국 내의 갈등이 일본과 관련된 역사 문제에 결정적인 영향을 미친다는 점에서 한일 문제는 단순한 외교 문제가 아니라 근본적으로는 국내 문제인 것이다. 제2 명제는 '역사 문제는 파생의 문제다'이다. 식민 지배 당시에 만들어진 본원적 상처와 분노보다 위안부 합의 파행이나 대법원 판결로 인해 발생한 파생적 분노와 상처가 훨씬 크다는 점에서 오늘날의 역사 문제는 파생의 문제인 것이다. 제3 명제는 '상처는 스스로 치유한다'이다. 가해자로부터 사죄와 배상을 받고 용서함으로써 피해자의 상처를 치유하는 것이 실현되기 어렵다는 점에서 일본에게 구원을 기대하기보다 우리의 힘으로 피해자의 상처를 치유하는 것이 더 빠르고 확실한 구원의 방식인 것이다. 이 세 가지 명제에는 한일 역사 문제를 푸는 해법이 담겨있기도 하다.

이 책은 크게 세 가지의 요소로 이루어졌다. 첫째는 2020년 12월과 2021년 12월에 학술지에 게재한 두 편의 논문이고, 둘째는 2022년 4월부터 대략 2개월 간격으로 발신한 15개의 중앙일보 연재 칼럼이며, 셋째는 주요 인물들과의 인터뷰다. 논문에서는 한일 화해에 관한 이론적 기초를 다졌다면, 칼럼은 논문의 이론을 기반으로 하여 윤석열 정부 출범 이후 진행되는 한일 관계의 현안에 관해 나의 생각을 일반 대중에게 발신한 것이다. 공개된 언론 보도로는 확인할 수 없는 사안의 경우에는 한일 외교의 현장에서 활동하는 주요 인물과의 인터뷰를 통해 사안의 실체에 접근하려 했다.

이 책의 서술은 시계열에 따라 전개된다. 단, 내가 현실의 한일 역사 문제에 본격적으로 관심을 두고 관여하기 시작하는 2015년을 전후하여 서술 방식에 차이가 난다. 이 책을 시작하는 해방의 시점부터 2015년까지는 주로 역사적 사실을 정리하고 평가하는 서술인 반면, 그 이후는 현실 문제에 참여하면서 갖게 된 나의 생각이나 견해 그리고 주장을 중심으로 서술이 이루어졌다. 특히 칼럼은 원형을 유지한 채로 본문에 편입시켜 나의 시각에서 갈등과 화해가 물결치는 한일 관계를 풀어냈다.

이 책이 나오기까지 많은 분들의 도움을 받았다. 마음 깊이 감사의 뜻을 표하고 싶다.

도쿄대학 법학부에서 함께 유학했던 조진구 교수는 내가 한일 문제에 관심을 갖고 현장에 발을 디뎠을 때 안내자였다. 그의 지식과 경험에서 나오는 지도가 없었다면 나의 공부는 더 많은 비용과 오류를 거쳤을 것이다. 그와 맺은 학문적 우정에 감사의 뜻을 표한다. 와세다대학 국제화해학연구소 아사노(淺野) 소장님은 나의 카운터 파트였다. 그와의 협력 사업이 나의 활동의 기축이 되었다. 앞으로도 한일 화해에 큰 공헌을 해주길 기대한다.

문희상 전 국회의장님에게는 각별한 감사의 말씀을 드리고 싶다. 길지 않은 시간이었지만 국회 발전과 한일 관계 개선을 위한 그의 깊은 통찰력과 실행력을 옆에서 볼 수 있는 기회가 있었다. 문희상안의 정신은 한일 관계사에 이정표로 남을 것이다. 국회의장실 최광필 정책수석비서관이 가교 역할을 해주었다. 그의 후의에 감사드린다.

한일의원연맹은 한일 관계에서 여전히 큰 의미를 갖고 있다. 김진표 전 국회의장님과 정진석 대통령실 비서실장님이 회장을 역임하시는 동안 자문위원으로 두 분과 교류한 실천적 지혜가 이 책 안에 녹아 있다. 조용래 연맹 사무총장님이 만들어 주신 기회들로 인해 나의 사유가 현실과 마주할 수 있었음을 밝힌다.

한일비전포럼은 한일 문제에 대한 인식의 지평을 넓히는데 더없이 좋은 공간이었다. 최고의 전문가들과 함께 논의할 수 있는 기회를 주신 홍석현 회장님에게 감사의 말씀을 드린다. 중앙일보 연재 칼럼은 이하경 대기자님이 권해주셨다. 첫 번째 칼럼이 나왔을 때 해주신 격려의 말씀이 이후 칼럼을 지속하는 데 큰 힘이 되었다. 품격 있는 지면을 만들어주신 정재홍 국제외교안보에디터님에게도 감사의 말씀을 전한다.

인터뷰에 응하여 진실을 얘기해주신 분들과 칼럼을 쓸 때 법률적 자문을 해준 성균관대학교 법전원 권철 교수, 그리고 국민 정서와 부딪히는 민감한 사안에 대해 우려와 격려, 그리고 지적 조언을 아낌없이 해준 한국사학과 이진한 교수와 정치외교학과 김헌준 교수 등에도 감사드린다.

일본대사관 미바에(實生) 공사님, 구마가이(熊谷) 전 공사님, 니시다(西田) 참사관님 등 직원분들과 때때로 교류하며 한일 현안 및 양국의 역사와 사상에 관해 유익한 대화를 나눴다. 그분들이 장차 한일 관계의 미래를 화해의 길로 이끌어주길 기대한다. 아울러 일본의 동향을 전해준 학부 유학생 이토(伊藤)군에게도 감사의 뜻을 전하며 그가 한일 관계의 미래를 이끌어갈 인재로 성장하길 바란다.

한일 문제에 임하여 내가 사유하고 활동하는 동안 늘 나와 함께한 조계원 박사의 조력이 없었다면 칼럼도 이 책도 세상에 나오지 못했을 것이다. 그는 논문의 공동 집필자였고 모든 칼럼의 최종 판단자였다.

그가 보여준 높은 식견과 신실한 인품에 깊이 감사드린다. 일반 국민의 시선에서 칼럼의 1차 감별사 역할을 해준 나의 가족과 함께 이 책의 출간을 기뻐한다.

2024년 11월

박홍규

1부

일본의 책임을 추궁하다

1장 박정희, 협력의 시대를 열다 • 18
2장 일본을 용서한 김대중 • 27
3장 박근혜의 위안부 합의 • 36
4장 대법원 판결과 역사 전쟁 • 57
5장 회한이 남는 문희상 법안 • 69

1장 박정희, 협력의 시대를 열다

샌프란시스코 강화 조약과 한일 회담

1945년 8월 15일 해방된 한국인들은 불법적 식민 지배를 통해 입었던 정신적·물질적 피해에 대해 일본으로부터 배상 받기를 원했다. 하지만 곧바로 진행된 남북 분단으로 남한은 미군정의 통치를 받게 되었고, 일본 또한 연합군의 점령 하에 놓이게 되어 한국인들은 일본에 대해 직접 피해 배상을 요구할 수 없었다.

3년여의 미군정이 끝나고 1948년 8월 15일 대한민국 정부가 출범하자 초대 대통령 이승만은 제2차 세계대전 후 일본과의 강화 조약을 체결하기 위한 국제회의인 대일 강화 회의에 정식으로 참가하여 일본과 국교를 정상화하고 식민 지배로 인한 피해에 대한 배상 문제를 해결해야 한다는 입장을 확고히 했다.

그러나 이승만의 집요한 외교적 노력에도 불구하고 미국은 한국을 강화 회의에 참가시킬 의향이 없었다. 그것은 이승만의 요구가 전후 동아시아에서 반공 질서를 구축하려는 미국의 정책과 어긋났기 때문이다. 급격히 확대되는 공산 세력에 대항하기 위해 일본의 신속한 부흥이 필요하다고 판단한 미국은 일본의 식민 지배에 따른 피해 배상을 요구하는 이승만의 주장을 수용하려 하지 않았다. 1951년 6월경 대일 강화 회의 참가가 어렵게 되었음을 확인한 이승만은 차선책으로 강화 조약의 문안에 한국에 남겨진 일본 재산의 포기를 확인하는 조항(제4조 b항)과 일본과의 양자 협의를 개최할 수 있는 근거(제4조 a항)를 넣어줄 것을 미국에 요구했다.

9월 4일부터 8일까지 샌프란시스코에서 진행된 대일 강화 회의에서 예상대로 일본의 식민 지배에 대한 배상은 초안 작성 단계에서부터 논의조차 이루어지지 않았고, 그 결과 일본에 유화적인 미국 주도로 작성된 대일 강화 조약은 제14조(청구권과 재산)에 일본의 최소한의 전쟁 피해 배상만을 규정했을 뿐이다. 이는 일본이 전후 처리를 최소한의 책임으로 마무리할 수 있는 법적 근거가 되고 말았다.

한편 대일 강화 회의 참가국에서 제외된 한국에 대한 배려 차원에서 미국은 이승만의 요청대로 위 두 조항을 조약에 포함시키고, 한일 간 양자 회담 개최를 주선하게 되었다. 이로써 대일 강화 회의에서 전후 처리의 일환으로 일본의 식민 지배 피해를 청산하고자 했던 애초의 계획이 무산된 한국은 일본과 양자 회담을 통해 문제를 해결해나가야 하는 상황이 되었다.

1951년 10월 20일 예비 회담 개최로 시작된 한일 회담은 1965년 6월 22일 제7차 회담에서 최종 타결에 이르기까지 총 13년 8개월 간 진행되었다. 그 중 이승만 정부에서는 제1차(1952년 2월)에서 제4차(1960년 4월)까지 진행되었는데, 한국 정부는 일본의 과거 행위에 대한 반성과 사죄를 촉구하는 가운데 주로 일본과의 배상 문제를 해결하는데 교섭의 초점을 맞추고 있었다. 이 시기에는 이승만 대통령의 개인적인 반일 노선 뿐만 아니라 반일 감정이 지배하는 국내 여론으로 인하여, 한국 대표단은 회담에서 일본 측에 대해 줄곧 강경 기조를 유지하는 상황이 이어졌다.

그러나 한일 회담 개최의 근거가 된 대일 강화 조약 제4조 a항에는 피식민지였던 한국과 일본 간에 청산해야 할 문제가 식민 지배 피해가 아닌 '청구권'(순 경제적이고 민사적인 재산 청구권)이라고 명기되어 있는데다가, 미국 주선 하에 시작되었다는 점에서 한국이 독자적인 목표와 전략을 가지고 교섭을 진행해 나가기에는 원천적인 제약이 따를 수밖에 없었다.

게다가 한국의 입장과는 달리 일본은 조선의 식민 지배에 대하여, 조선이 정당한 절차를 거쳐 일본 영토가 되었으므로 조선 지배는 합법적이며, 일본의 조선에 대한 통치는 조선의 경제·사회·문화적인 향상과 근대화에 공헌했고, 따라서 조선에서 축적된 일본인 재산의 몰수 처분은 재고되어야 한다는 인식하에 조선이라는 구식민지에 대해서는 배상을 할 이유가 없다는 입장을 가지고 있었다.

이와는 달리, 항일 독립 운동의 연장선에서 해방을 맞이하고 정부를 수립한 이승만으로서는 한국이 참여하지도 못한 대일 강화 조약의 조문에 구속되어 한일 회담을 단순한 청구권 협상에 한정하려고 하지 않았다. 이승만은 식민 지배를 불법적 행위로 규정하고 그에 따라 식민 피해에 대한 반성과 사죄 그리고 그에 수반하는 배상을 강하게 요구했다.

이렇듯 양국 간 견해차를 좁히지 못하고 회담이 장기화하는 와중에 1960년 4월 이승만 정권이 무너지고 과도 정부를 거쳐 장면 내각이 출범하여 제5차 회담이 진행되었다. 그러나 1961년 5월 쿠데타가 일어나 회담이 중단된다. 정권을 장악한 박정희는 반공을 국시로 내세우고 정책의 최우선 순위를 경제 개발에 두었다.

당시 정치적 정당성이 취약한 박정희 정권은 이중의 압박을 받고 있었다. 하나는 동아시아에서의 반공 질서를 위해 한일 회담의 타결을 종용하려는 미국의 압박이고, 다른 하나는 경제 개발에 필요한 자본을 조달해야 하는 국내적 압박이었다. 박정희는 기존의 이승만 노선을 계승하여 한일 회담에 임할 수는 없었다. 결국 박정희는 정치적 결단을 하게 된다.

박정희 대통령이 1965년 12월 18일 청와대에서 정일권 총리, 이동원 외무부 장관, 김동조 주일대사 등이 지켜보는 가운데 한일 조약 제 협정의 비준서에 서명하고 있다.(국가기록원)

한국은 식민 지배에 대한 배상이라는 명분 관철을 포기하고 일본이 제시하는 경제 협력 방식을 수용하여, 1962년 11월 12일 제6차 회담에서 김종필-오히라 합의가 이루어졌다. 이 합의로 10년 넘게 진행되어 온 한일 회담의 최대 현안이었던 청구권 금액이 타결됨으로써 국교정상화를 위한 단초가 마련되었다. 이후 협상을 지속하여 마침내 1965년 6월 22일 한일 회담이 종결되고, 12월 18일 양국 간에 비준서가 교환됨으로써 국교가 정상화되었다. 이것이 한일 화해 1.0이다.

박정희는 한일 회담에 임하여 이승만이 고수한 일본의 책임을 묻지 않았다. 식민 피해에 대한 반성과 사죄 그리고 그에 수반하는 배상이라는 명분을 온전히 확보하지 못했다. 역사보다는 안보·경제 협력을 통한 국익을 우선한다는 시각에 따라 양국 간의 견해 차이를 모호하게 봉합하고 단지 경제 협력 자금을 받는 데 그쳐야 했다.

청구권 협정과 정치적 타협

이상 서술한 바와 같은 시대적 배경 속에서 한일 양국은 견해 차이를 좁히고 봉합하는 과정을 거쳐 국교정상화를 이루었다. 타협과 봉합의 핵심 내용을 양국이 맺은 기본 조약과 부속 협정의 문안을 통해 확인해보자.

기본 조약에서는 한일 조약이 샌프란시스코 강화 조약에 의거한 것임을 밝히고 있다. 따라서 한국에 대한 일본의 침략과 지배를 명시하지 않았고, 일본의 반성과 사죄 또한 반영되지 않았다. 단지 한국은 식민 지배를 성립시킨 구(舊)조약이 무효임을 확인하는 데 그쳤다. 그것도 양국이 서로 다르게 해석할 수 있는 여지를 남겨놓은 채로 제2조의 문안이 만들어졌다.

> (제2조) 1910년 8월 22일 및 그 이전에 대한제국과 대일본제국 간에 체결된 모든 조약 및 협정이 이미 무효(already null and void)임을 확인한다.

조약문의 공식 언어가 영어이고 양국은 편의대로 자국어로 번역해서 사용하기로 합의했다. 한국은 "이미 무효"의 의미를 한일 병합 조약이 원래 불법적으로 체결되었기 때문에 애초부터 효력이 발생하지 않은 것이라고 해석했다. 이에 반해 일본은 합법적으로 체결된 한일 병합 조약이 샌프란시스코 강화 조약 혹은 한일 협정을 계기로 효력을 상실한 것이라고 해석했다. 양국은 '언제부터'라는 시점은 서로 편의에 따라 해석하는 대신, 여하튼 '무효'라는 점을 확인하는 선에서 타협하고, '이미'라는 용어를 채택했던 것이다.

한국은 한국 병합이 협박과 기만에 의해 불법적으로 이루어진 강제점령이었다고 인식하고, 경우에 따라서는 일본의 식민지 지배에 대한 국제법상의 책임을 물을 수 있다는 의사를 포기하지 않았다. 이에 대해 일본은 한국 병합이 대한제국의 동의 아래 합법적인 절차를 통해 이루어졌다고 보고, 그 후의 한국 통치는 강제점령에 의한 식민지 지배와는 성격이 다르다는 견해를 고수했다. 구조약의 무효 시점을 둘러싼 논쟁은 일본의 한국 지배의 합법성 또는 불법성과 결부된 중요한 문제였다. 그런데도 양국 정부는 서로 편의적으로 해석할 여지를 남겨 둔 채 서둘러 봉합했던 것이다.

다음은 기본 조약에 따라 맺어진 청구권 협정의 핵심 문안이다.

> (제1조) 일본은 한국에 10년에 걸쳐 무상 3억 달러와 유상 2억 달러를 제공한다.
> (제2조) 청구권에 관한 문제가 1951년 9월 8일에 샌프란시스코에서 서명된 일본국과의 평화조약 제4조(a)에 규정된 것을 포함하여 완전히 그리고 최종적으로 해결된 것을 확인한다.

기본 조약과 청구권 협정 문안을 합쳐서 보면, 식민지 지배의 합법성 여부는 각자의 해석에 맡기고, 5억 달러의 경제 협력 자금 제공으로 보상 문제는 "완전히 그리고 최종적으로 해결된 것"이라고 양국은 합의했다. 보상 방식에 관해서는 한국 정부의 입장이 관철되었다. 일본 정부는 피해자에 대한 개인 보상을 주장했으나, 한국 정부가 국가를 대상으로 일괄적으로 자금을 제공하는 국가 보상 방식을 관철시킴으로써 청구권 자금을 국가가 활용할 수 있는 길을 열었다.

이 책의 중심 내용인 2018년의 대법원 판결은 이상과 같은 청구권 협정에 관하여 일본 정부는 물론이고 한국 정부의 해석 및 태도와도 전혀 다른 판결이었다. 대법원은 일제 강점기의 강제동원 자체가 불법이고, 개인의 손해배상 청구권은 살아 있다고 판시했다. 이는 청구권 협정 체제의 근간을 뒤흔든 판결이었다.

한일 화해 1.0의 성격

이렇듯 한일 화해 1.0은 역사적 부정의에 대한 책임을 규명하지 못하고 정의 없는 정치적 타협에 그치고 말았다. 이러한 점에서 첫 번째 역사 화해는 홈즈(Stephen Holmes)가 말한 '생략의 정치(politics of omission)'에 기초한 화해, 즉 역사적 부정의에 대한 책임을 생략한 화해라고 볼 수 있다.

홈즈는 다원적인 사회에서 모든 구성원들이 수용할 수 있는 정의의 공적 개념을 세우기 위해서는 급격한 불일치를 끌어낼 수 있는 문제를 자제하고, 광범위한 합의를 도출할 수 있는 기본 규칙을 형성해야 함을 주장한다. 민감한 사안을 언급하지 않음으로써 이를 둘러싸고 인민들의 열정이 분출하는 것을 막고, 정부가 효율적으로 정책을 수행하는 데 도움을 주기 때문이다.

한일 국교정상화는 국가 간의 관계에서 생략의 정치가 작동한 사례였다. '불법적' 식민 지배에 대해 일본이 최대한의 책임을 져야 한다는 한국 측의 입장과 당시의 국제체제 및 국제법 틀 안에서 식민 지배의 '합법성'을 주장하고 책임을 최소화하고자 했던 일본 측의 입장은 장기간 교착 상태에 있었고, 미국의 중재 속에서 역사 문제를 생략한 채 타협이 이뤄진 것이다. 한국은 한일 간의 비대칭적 조건에서 국익을 위해 불가피한 선택을 한 것이고, 일본은 이를 한국이 식민 지배에 대한 배상 청구가 사실상 불가능하다는 것을 인정하고, 이에 대한 책임을 묻지 않겠다는 '합의'를 한 것으로 받아들였다.

'생략의 정치'에 기초한 화해는 상대방을 자극할 수 있는 불일치가 큰 사안을 언급하지 않고, 협력이 가능한 영역을 중심으로 상호 이익을 증진시킬 수 있다는 장점이 있다. 그러나 이러한 화해는 화해를 위해 과거를 잊도록 함으로써 진실이 드러나는 것을 막고 피해자의 고통과 역사적 부정의를 외면하는 부정적인 측면이 존재한다. 1980년대 후반에서 90년대 초반에 걸쳐 진행된 한국의 민주화와 국제질서의 탈냉전 시기에 이르러 잠재해 있던 한일 과거사 문제가 현안으로 부상하게 된다.

국교정상화 협상을 둘러싼 한일 간의 대립을 책임의 관점에서 정리해보자. 한국은 일본에게 '최대 책임'을 요구했으나, 일본은 '최소 책임'으로 상황을 마무리하고자 했다. 다시 말해 '불법적' 식민 지배에 대해 피해자인 한국이 원하는 만큼 일본이 최대한의 책임을 질 것을 한국은 주장했고, 이에 반해 일본은 현실적인 국제체제와 국제법의 틀 안에서 책임을 최소화하고자 했다. 그러나 장기간 양국의 견해차가 좁혀지지 않게 되자 결국 미국의 압박적 중재를 배경으로 한일 양국은 타협했다. 양국 모두 흔쾌하지 않은, 특히 한국으로서는 불만스러운 타협이었다. 식민지 시대에 대한 평가와 청산도 이루어지지 않았고, 따라서 일본의 사죄도 없었고 자금의 성격도 배상이 아니었다. 국력의 차이를 인정하고 국익론의 차원에서 책임 문제를 덮었다. 그런 의미에서 이 타협은 '소극적 타협'이었다. 그러나 분명한 것은 역사 문제의 봉인이라는 제약점을 갖고 있는 소극적 타협이었음에도 불구하고 국가의 명운을 건 박정희의 정치적 결단으로 양국은 '화해'했고, 이후 협력의 시대를 열어갔다.

2장 일본을 용서한 김대중

민주화와 탈냉전

국교정상화는 식민 지배가 끝나고 20년의 세월이 지나서 식민지 시대에 대한 역사적 평가를 봉인한 채 '청구권 문제'라는 틀 속에서 경제협력 자금을 제공받는 형식으로 타결되었다. 일괄청산 방식으로 받은 자금의 대부분은 피해자 개인의 구제를 뒤로 하고 박정희 정부가 추진하는 경제 개발의 재원으로 충당되었다. 일본을 모델로 하여 수직적 분업 구조 하에서 수출주도형 경제 개발 전략을 채택한 한국은 고도성장을 거듭하여 한강의 기적이라는 찬사를 받으며 산업화에 성공한다. 그러나 이 빛나는 산업화의 과정은 어두운 그림자를 수반하며 진행되었다. 반공을 국시로 내세운 박정희 권위주의 체제는 국가와 민족의 논리를 앞세우며 개인의 자유와 권리를 억압했다. 총체적 구조적 억압 체제 속에서 식민지 시대의 피해자 개인들의 구제는 방치되어버렸다.

산업화가 진행되는 동안 한국인들은 권위주의 체제에 순종하고 묵인하지만은 않았다. 그에 반대하는 정치 세력이 있었고 저항하는 사람들이 끊임없이 이어졌다. 산업화의 성과가 사회 전반에 걸쳐 퍼지면서 시민의식의 성장과 함께 민주화의 요구가 커져갔다. 그리고 마침내 1979년 박정희가 시해되었고, 1980년에는 광주에서 민주화 운동이 폭발했다. 비록 광주 민주화 운동을 진압한 전두환 군부가 정권을 장악하여 일시적으로 민주화의 요구가 억압되었지만, 1987년 6.29선언으로 마침내 한국은 민주화를 성취하게 된다.

이러한 한국 내의 정치 상황의 변화와 때를 같이하여 국제질서도 급변하고 있었다. 1989년 소련이 멸망하면서 2차 세계대전 이후 형성된 냉전 질서가 종식되었다. 반공을 국시로 한 권위주의 체제의 소멸과 그 권위주의 체제를 지탱하고 있던 냉전 질서의 붕괴는 개인의 자유와 인권이라는 보편적 가치가 중시되는 시대를 열었다. 이러한 시대적 상황 속에서 마침내 냉전과 권위주의라는 이중의 억압 구조에 억눌려왔던 민주 시민들은 개인의 인권 문제를 공적 영역으로 불러냈다.

1991년 김학순 피해자의 증언은 한일 관계에 새로운 시대가 도래했음을 알리는 상징적 사건이었다. 이를 계기로 1965년 청구권 협정에서 봉인되어 이후 한일 양국 정부에 의해 관리되어오던 역사 문제가 현안으로 부상한다. 본격적으로 일본의 책임을 추궁하는 시대로 돌입했다.

한편, 일본 역시 80년대 말부터 변화의 바람이 불기 시작했다. 패전의 책임을 면하고 전후에도 보위를 유지해 오던 히로히토(裕仁) 천황이 1989년 죽고 아키히토(明仁) 천황이 즉위했다. 헤이세이(平成, 아키히토 시대의 연호) 리버럴의 시대가 열렸다.

헤이세이 시대는 1955년 자민당의 집권 이래 지속되어온 이른바 55년체제의 동요와 함께 시작되었다. 자민당의 정치 부패와 버블경제 붕괴의 충격으로 자민당에 대한 지지가 저하하는 가운데 1993년 미야자와(宮澤) 총리에 대한 불신임안이 통과되어 총선거가 실시되었다. 그 결과 호소카와(細川) 일본신당 당수를 총리로 하는 비자민 내각이 성립했다. 이후 정국이 안정되지 못하고 1994년에는 사회당의 무라야마(村

山)를 총리로 하는 사회당·자민당·신당사키가케의 연립정권이 탄생했다. 55년체제가 동요하는 시기에 일본 정부는 한국에서 촉발된 위안부 문제에 대응하면서 청구권 협정 시기보다 진전된 역사 인식을 표명하게 된다.

일본의 사죄 표명

1992년 미야자와 총리는 1965년 국교정상화 이후 일본 총리로서는 처음으로 한국 국회에서 연설을 하면서 과거 일본 제국주의에 대해 반성의 뜻을 표명했고, 고노(河野) 관방장관은 1993년 8월 일본군 위안부 문제에 대해서 담화(이른바 고노담화)를 통해서 위안부 모집 과정에서 일본 정부가 관여한 점을 인정하고 사죄를 표명했다. 이어서 8월 9일 취임한 호소카와 총리 또한 기자회견에서 중일전쟁을 침략전쟁으로 인정하는 진일보한 역사 인식을 드러냈고, 8월 23일 시정방침 연설에서도 전후 처음으로 식민 통치를 식민지 지배라고 부르고 사죄를 표명했다. 더 나아가 11월 한일 정상회담에서는 일본어의 강제 사용, 창씨개명, 위안부, 강제연행 등을 구체적으로 열거하며 식민 지배에 대해 사죄했다. 그리고 마침내 1995년 무라야마 총리가 전후 50주년 종전기념일을 맞이하여 담화(이른바 무라야마담화)를 발표했다.

> 우리나라는 멀지 않은 과거의 한 시기, 국가 정책을 그르치고 전쟁의 길로 나아가 국민을 존망의 위기에 빠뜨렸으며, 식민지 지배와 침략으로 많은 나라들 특히 아시아 제국의 여러분들에게 다대한 손해와 고통을 주었습니다. 저는 미래에 잘못이 없도록 하기 위하여 의심할 여지도 없

는 이와 같은 역사의 사실을 겸허하게 받아들이고 여기서 다시 한번 통절한 반성의 뜻을 표하며 진심으로 사죄의 마음을 표명합니다.

무라야마 정부는 고노담화의 정신에 입각하여 위안부 문제에 대한 후속 조치로써 1995년 '여성을 위한 아시아평화국민기금'(이하, 아시아여성기금) 사업을 추진했다. 이 사업에서 일본 정부는 1965년 청구권 협정에 의해 법적 청산이 끝났다는 입장을 견지하기 위해 '도의적 책임'과 민간 기금이라는 명목으로 위안부에게 위로금을 지급하려고 했다. 1997년 1월 최초로 7명의 위안부들에게 위로금이 전달되었다. 일본 총리는 위로금을 받는 위안부 피해자 개인에게 사죄 편지를 보냈다.

근계

이번에 정부와 국민이 다 함께 협력하여 추진하고 있는 '여성을 위한 아시아평화국민기금'을 통해 종군 위안부로서 희생되신 분들께 우리나라의 국민적인 보상이 행해짐에 즈음하여 저의 심정을 표명하고자 합니다. 이른바 종군 위안부 문제는 당시 옛 일본군의 관여 아래 많은 여성들의 명예와 존엄성에 깊은 상처를 입힌 문제입니다. 저는 일본국 내각총리대신으로서 다시 한번 이른바 종군 위안부로서 수많은 고통을 겪고 심신양면에 걸쳐 치유하기 어려운 상처를 입으신 분들께 진심으로 사과(1998년부터 사죄로 번역)와 반성의 뜻을 말씀드리고자 합니다.

우리는 과거의 무거움으로부터도 미래를 향한 책임으로부터도 도망칠 수 없습니다. 우리나라로서는 도의적인 책임을 통감하면서 사과와 반성의 뜻에 입각해 과거의 역사를 직시하며 이것을 후세에 바로 전달함과 동시에 부조리한 폭력 등 여성의 명예와 존엄성에 관련된 문제들에 대해서도 적극적으로 임해야 한다고 생각합니다.

끝으로 여러분들의 앞으로의 인생이 평온하시기를 충심으로 비는 바입니다.

경구

1996년

일본국 내각총리대신 하시모토 류타로

(역대 서명: 오부치 게이조, 모리 요시로, 고이즈미 준이치로)

그러나 정신대문제대책협의회(이하, 정대협)의 강한 반대와 그에 따른 한국 정부의 방침 변경으로 인해 아시아여성기금 해법은 장벽에 부딪히게 되었고, 1994년에 발효된 국제연합 해양법 협약에 따른 배타적 경제 수역을 설정하는 사안으로 독도 문제 또한 양국의 현안으로 부상했다. 그 결과 내서널리즘이 양 국민의 감정을 자극하여 1996년 여론 조사에서 일본인의 한국에 대한 친근감이 최저 수준에 이르렀다. 민주화 시대와 헤이세이 리버럴 시대가 열리면서 1965년 국교정상화 시점에서 봉인되었던 역사 문제가 현안으로 부상하여 양국은 65년체제를 넘어서 새로운 한일 관계를 구축해야 할 필요성이 대두되었다.

파트너십 선언과 한일 화해 2.0

1997년 12월 대통령 선거에서 당선된 김대중은 정치적 리더십을 발휘하여 한일 관계를 획기적으로 진전키기 위해 정치적 결단을 단행한다. 그리고 마침내 한일 관계에 한 시대의 획을 긋는 역사적인 사건이 기적처럼 일어났다. 1998년 김대중 대통령과 오부치 총리가 파트너십 선언을 체결했다. 이것이 한일 화해 2.0이다.

1998년 10월 8일 김대중 대통령과 오부치 게이조 총리가 도쿄 영빈관에서 '21세기의 새로운 한·일 파트너십 공동선언'에 서명한 뒤 공동 기자회견을 하고 있다.(연합뉴스)

이 선언문은 먼저 양국 정상이 일본에서 회담을 갖게 된 경위를 말하고, 이어서 이 선언의 역사적 의의를 다음과 같이 천명했다.

> 양국 정상은 1965년 국교정상화 이래 구축되어온 양국 간의 긴밀한 우호 협력 관계를 보다 높은 차원으로 발전시켜 21세기의 새로운 한·일 파트너십을 구축한다는 공통의 결의를 선언했다.

한일 화해 1.0이 이룬 우호 협력 관계를 기반으로 한일 화해 2.0을 통해 새로운 시대를 열어가겠다는 강한 의지를 표명한 것이다. 여기서 주목해야 할 점은 이 선언이 65년의 청구권 협정을 인정하고, 그로 인해 성취한 양국의 우호적 관계를 평가하고, 한일 관계를 새로운 단계로 발전시키자는 '단계론적 발상'에 입각하고 있다는 것이다.

선언문의 다음 조항에서는 한일 화해 2.0의 철학적 기초가 담겨 있다.

> 오부치 총리는 금세기 한일 양국 관계를 돌이켜보고, 일본이 과거 한때 식민지 지배로 인하여 한국 국민에게 다대한 손해와 고통을 안겨 주었다는 역사적 사실을 겸허히 받아들이면서, 이에 대하여 통절한 반성과 마음으로부터의 사죄를 했다.
> 김대중 대통령은 이러한 오부치 총리의 역사 인식 표명을 진지하게 받아들이고, 이를 평가하는 동시에, 양국이 과거의 불행한 역사를 극복하고 화해와 선린 우호 협력에 입각한 미래지향적인 관계를 발전시키기 위하여 서로 노력하는 것이 시대적 요청이라는 뜻을 표명했다.

오부치 총리는 과거 식민지 지배에 대한 책임을 '반성'과 '사죄'로 표명했고, 김대중 대통령은 오부치 총리의 책임 표명을 수용하여 '화해'와 '협력'으로 새로운 시대를 열어가는 것이 시대적 요청이라고 화답했다. 이를 도식화하자면, '가해자 일본의 사죄→피해자 한국의 용서→양국의 화해 성립'이라고 정리할 수 있다. 양국 정상의 파트너십 선언은 책임론적 화해 이론이 그대로 적용되었던 것이다. 이 선언을 계기로 65년체제가 막을 내리고 '98년체제'가 열렸다.

사죄와 용서의 정치

'생략의 정치'에 기초한 화해인 한일 화해 1.0과는 달리 한일 화해 2.0은 '사죄와 용서의 정치(politics of apology and forgiveness)'에 기초한 화해, 즉 역사적 부정의에 대한 책임을 인정한 화해였다는 점에서 진일보한 것이었다.

일본 측은 '사죄의 정치'를 통해 과거사 문제를 인정하고, 책임과 반성의 의사를 표명함으로써 피해자의 원한이나 복수심을 해소하고 용서를 이끌어내고자 했다. 그리고 피해자에게 발생한 손해를 회복하려는 의지를 보여주기 위해 1995년 아시아여성기금이라는 국민 기금 명목으로 위안부 피해자들에게 위로금을 전달하려는 노력을 기울였다.

그리고 김대중 대통령은 일본 국회 연설에서 변화된 일본의 모습을 "과거를 올바르게 인식하고 반성하는 도덕적 용기"로 평가하면서, "한국은 일본의 변화된 모습을 올바르게 평가하면서 미래의 가능성에 대한 희망을 찾을 수 있어야" 함을 역설했다. '용서의 정치'는 잘못을 부인하고 싶은 욕구와 잘못을 인정하는 과정에서 발생하는 수치심을 이겨낸 상대의 선의를 존중하면서, 미래지향적인 관계를 형성하고자 하는 희망을 갖는 것이다. 김대중 대통령은 용서 또한 정치적 과정이라는 것을 인식하고, 한국 국민들에게 이에 동참할 것을 호소했다.

사죄는 정치적 협상(negotiation) 과정의 일부다. 왜냐하면 대부분의 경우, 사죄 자체는 만족스런 결과물이 아니라 협상 과정의 첫걸음이기 때문이다. 당사자 간의 인식적 불일치가 존재하기 때문에 사죄만으로 갈등이 해결되는 경우도 드물다. 그럼에도 불구하고, 사죄는 역사에 대한 수정된 이해를 낳음으로써 배상과 같은 역할을 한다. 마찬가지로 용서도 정치적 과정이다. 상대의 사죄를 어떻게 평가할 것인지에 따라 사죄를 수용할 것인지에 대한 태도가 달라지기 때문이다. 사죄에 담긴 상대의 태도 변화를 진지하게 받아들여야 관계를 개선하려는 의지로 이어질 수 있다. 상호 인정과 신뢰 구축의 과정이 수반될 때 '사죄와 용서의 정치'에 기초한 화해가 작동할 수 있는 것이다. 한일 공동선언은 말 그대로 '선언'에 불과했기 때문에, 후속 조치를 통해 여전히 존재하는 한일 간의 인식차를 좁혀갈 필요가 있었다.

98년 파트너십 선언은 65년 청구권 협정을 인정한 위에 단계적 발전을 상정하고 있듯이 일본 정부와의 외교적 타협의 산물이었다. 책임에 대해서는 아무런 언급이 없었던 청구권 협정과는 달리 도의적 책임을 수용하는 선에서 한일 화해 2.0이 시도되었다. 청구권 협정 당시 최대 책임을 주장한 한국 측과 최소 책임을 관철하려고 한 일본 측의 입장이 파트너십 선언에서는 도의적 책임이라는 타협점을 찾았던 것이다.

이렇듯 98년의 파트너십 선언 또한 시대적 필요에 의한 양국의 정치적 타협의 산물이었으나, 이 타협은 65년의 소극적 타협과는 달리, 양국 정상이 과거를 청산하고 미래를 개척하겠다는 의지를 갖고 상호 신뢰를 바탕으로 흔쾌한 마음으로 체결한 '적극적 타협'이었다. 이 선언의 가장 큰 의미는 65년의 청구권 협정에서 다루지 못한 가해자 일본의 사죄와 피해자 한국의 용서를 파트너십 선언문에 담아냈다는 점이다. 이에 따라 한국은 청구권 협정에서 유보되었던 최대 책임을 일본에게 기대했고, 일본은 65년에 보여준 최소 책임에서 벗어나 한국이 기대하는 최대 책임에 성의를 갖고 임했다. 파트너십 선언 이후 한일 관계는 황금시대를 구가하게 된다.

3장 박근혜의 위안부 합의

정대협의 원리주의

한일 화해 2.0 시대를 열었던 파트너십 선언은 어디까지나 선언이었다. 이후 한일 간의 인식차를 후속 조치를 통해 좁혀가기로 했다. 이를 위해 파트너십 선언의 부속서에는 43개 항목에 이르는 구체적인 행동 계획이 마련되었고, 이후 다 분야에 걸쳐 한일 관계가 비약적으로 개선·발전되었다. 그러나 두 번째 한일 화해의 길이 장애물에 부딪히는 데는 오랜 시간이 걸리지 않았다. 교과서 왜곡, 영토 문제, 야스쿠니 참배, 위안부 문제 등이 파트너십 선언의 정신을 위협하는 갈등 현안으로 부상한다.

이러한 갈등은 화해를 추구하는 자국과 상대국 정부의 정책에 대해 반발하는 세력에 의해 주도되었다. 한국에서는 정대협과 같은 '원리주의 세력'이 일본 정부는 물론 일본 정부와 타협적인 한국 정부의 정책에 반발했고, 일본에서는 우익 세력이 한국 정부는 물론 한국 정부와 타협적인 일본 정부의 정책에 반발했다.

1990년 12월 37개 여성 단체가 모여 발족된 정대협은 1991년 김학순 피해자가 기자회견을 하도록 지원했고, 1992년 1월 8일 미야자와 총리의 방한을 앞두고 일본대사관 앞에서 이른바 수요집회(공식명칭은 '위안부 문제 해결을 위한 정기 수요시위')를 시작했다. 이날 정대협은 전쟁 범죄의 인정·공식 사죄·진상 규명·추모비와 자료관 건립·법적 배상·역사 교과서 기록이라는 6개의 요구가 담긴 성명을 발표했다. 이후 책임자 처벌 사항을 추가하여 총 7개 사항을 위안부 문제 해결을 위한 원칙으로 삼았다.

정대협도 한일 역사 화해를 부정하지는 않는다. 단지 정대협이 주장하는 원칙으로부터 추론할 수 있는 화해는 이상적 상태를 실현하여 역사 문제를 근본적으로 완전하게 해결하자는 입장이다. 이런 의미에서 정대협의 주장을 '원리주의(fundamentalism)'라고 부르겠다. 이에 반해 정부의 입장은 현실의 제약 속에서 실현 가능한 것을 단계적으로 구현해 가자는 '점진주의'라고 할 수 있다. 위안부 문제에 대응하는 정부의 정책에 대한, 원리주의에 입각한 반발은 이미 김영삼 정부에서 그 모습을 보여주었다.

김학순 피해자의 증언으로 부상한 위안부 문제를 해결하기 위해 일본은 1995년 7월 아시아여성기금을 설립했다. 이 기금은 일본 국민으로부터 모금한 재원으로 일본군 위안부 피해자에게 '위로금'을 지급하고, 일본 정부의 예산으로 의료 복지 사업을 지원하며, 지원을 받은 피해자에게는 '도의적 책임'에 따른 '사죄와 반성'의 뜻을 담은 총리 명의의 서한을 전달하고자 했다. 일본 정부는 한일 간의 청구권 문제는 1965년 청구권 협정에 의해 완전하고 최종적으로 해결되었다는 입장을 견지해 왔기 때문에 '도의적 책임'과 민간 모금을 통한 '위로금'이라는 표현과 방식을 통해 위안부 문제를 해결하려고 했던 것이다. 기금 설립 초기에 김영삼 정부는 이러한 일본의 방안에 대해 긍정적인 입장이었고, 실제 지원을 받으려는 피해자도 있었다.

그러나 정대협은 이에 강하게 반발했다. 그들은 7개항 원칙에 따라 피해자의 존엄 회복은 일본 정부가 '법적 책임'을 인정한 뒤에 '국가 배상'을 통해 이루어져야 하지, 국민 참여 보상이라는 것은 속임수에 불과하다고 주장했고, 더 나아가 보상금을 받게 되면 피해자는 스스로 지원해서 간 공창이 된다고 말하며 피해자들을 압박하기도 했다. 언론에서도 부정적인 보도가 이어지면서 여론이 악화되어 가자 김영삼 정부는 기금 전달을 그만두라고 입장을 바꾸었다. 결국 역사 화해를 위한 일본 정부의 구상과 조치는 정대협의 반발에 직면하여 그 빛을 잃게 된다.

김대중 정부도 처음엔 아시아여성기금에 대해 반대하지 않았다. 그러나 정대협의 강경한 반발과 국내 여론에 밀려 아시아여성기금이 파행하는 와중에 정부 보상으로 선회하게 된다. 피해자에 대한 금전적 보상은 한국 정부가 하고, 일본과는 외교 문제로 삼지 않는다는 김대중 정부의 정책이 노무현 정부를 거쳐 한국 정부의 기본 방침으로 정착되었다.

아시아여성기금이 보상을 실시했던 당시 한국 정부가 인정한 피해자 수는 207명이었는데, 최종적으로 61명이 수령하는 데 그쳤다. 따라서 기금을 통해 위안부 문제를 해결하려던 일본 정부의 시도는 실패했다.

일본 정부가 구상·제안하고 한국 정부가 용인한 아시아여성기금에 반발한 정대협은 두 가지 성과를 확보했다. 도의적 책임에 그치려 한 일본 정부를 비판하고 최대 책임을 요구하는 주체로서의 위상을 확보했다. 한편 일본의 도의적 책임과 타협한 한국 정부로부터는 금전적 보상을 확보했다. 명분과 실리를 동시에 확보한 정대협은 자신들이 내세운 위안부 문제 해결을 위한 7개 요구 사항을 관철시키기 위한 국내

외 활동에 매진했다.

  국내에서는 1992년 일본대사관 앞에서 시작한 수요집회를 이어갔고, 시위 1000회를 기념하여 2011년 12월 14일 일본대사관 앞에 평화비(이른바 위안부 소녀상)를 설치하여 위안부에 대한 원형적 이미지를 구축했다. 한편 국외에서는 유엔인권위원회, 국제법률가협회, 국제노동기구 전문가위원회 등 인권 관련 국제기구와 세계 여성 단체, 세계 여성 대회 등과 연대하여 일본군 위안부 문제를 단순한 과거사가 아닌 전쟁과 분쟁 하의 성폭력 문제로 확대시켰다. 나아가 미국 하원을 비롯한 외국 의회에서 위안부 결의안을 채택하도록 하여, 위안부 운동은 국제적인 여성 인권운동의 모범으로 자리매김했다.

정치적 책임에서 법적 책임으로 이동

  앞서 서술했듯이 한일 화해 1.0이 책임의 문제를 타협하고 봉합한 '생략의 정치'에 기초한 화해였음에 비해, 한일 화해 2.0은 역사적 부정의에 대한 책임을 인정한 '사죄와 용서의 정치'에 기초한 화해였다. 일본은 사죄를 통해 과거사 문제를 인정하고, 책임과 반성의 의사를 표명함으로써 피해자의 원한이나 복수심을 해소하고 한국의 용서를 이끌어내고자 했다. 그리고 피해자에게 발생한 손해를 회복하려는 의지를 보여주기 위해 아시아여성기금이라는 국민 기금 명목으로 위안부 피해자들에게 위로금을 전달하려는 노력을 기울였다. 이러한 '사죄와 용서의 정치'에서 말하는 책임은 기본적으로 '정치적 책임'으로, 정치적 책임에 기초한 화해는 다음과 같은 특징을 갖는다.

  화해를 정치적 공간에서 지속되는 과정으로 바라보면서, 역사적 부정의를 교정하고 관계를 회복시키기 위한 책임을 공유한다. 그래서 과거사 문제를 둘러싼 양국 간의 반목과 긴장에도 불구하고, 미래를 향한 협력적 관계를 형성하기 위한 공동의 신뢰를 깨뜨리지 않는 것이 중요하다. 화해 과정에서 관계적 정의(relational justice)를 중시해야 하는 것은 이 때문이다. 인식적 불일치가 있지만 서로를 동등한 존재로 인정하고 존중하며 대우하는 태도를 보여야 한다.

사죄를 표명하는 것은 자행된 역사적 부정의 문제를 분명하게 밝힘으로써 피해자들이 겪은 고통에 책임이 있음을 드러내는 역할을 한다. 피해 회복을 위한 실제적인 구제 조치를 포함하고, 피해자 집단에게 일정한 참여 기회를 열어 둠으로써 대화와 소통의 형태를 가질 때 사죄는 상처를 치유하는 효과를 낼 수 있다. 이때 사죄를 받는 쪽에서는 상대의 사죄가 진정성이 부족하다고 느껴진다 하더라도, 공적인 사죄는 피해자의 손상된 지위를 회복하는 데 기여한다는 점을 인정할 필요가 있다. 또한 도덕적 우위에 있기 때문에 상대의 불충분한 태도에 분노하는 것을 당연시하거나, '정의'의 이름으로 보다 강한 책임을 요구할 '권리'가 있다는 자세에서 탈피해야 한다.

한편, 사죄와 용서를 통한 화해는 그 실행에 있어 몇 가지 어려움이 따른다. 우선 사죄와 용서의 관계에서는 사죄를 하는 쪽이 저자세가 되는 권력 관계의 비대칭성이 나타나며, 사죄 과정에서 자신의 죄를 진정으로 인정했다고 말할 수 있는 지점에 도달하기 어렵다. 또한 이 과정에서 사죄하는 쪽은 자기 비하와 수치심을, 용서하는 쪽은 상대를 심문하는 것과 같은 우월감을 느끼기 쉽다. 그래서 절제와 존중에 기초한 '용서의 정치'가 작동하지 않으면, 교환적 용서의 가혹함 속에서

'사죄의 정치'는 지속적인 화해로 이어지기 어렵다. 사죄해도 상대가 받아들여주지 않으니 노력할 필요가 없다는 반감을 키워 관계를 더 악화시킬 수 있다.

이렇듯 정치적 책임을 중심으로 사죄와 용서를 통한 화해를 진척시키는 것만으로도 어려운 일이건만 정대협과 같은 시민단체는 책임의 문제를 정치적 책임이 아니라 법적 책임으로 중심을 이동시킴으로써 오히려 정치적 공간이 축소되고, 화해 과정을 가로막는 결과를 가져왔다. 그들은 일본 정부가 법적 책임을 인정하고, 피해자에게 배상할 때에만 진정한 사죄로 볼 수 있다는 입장을 고수해왔다.

하지만 '법적 책임'에 대한 양국의 인식은 큰 불일치를 보인다. 일본 정부는 한일 간의 식민지 지배로 인한 모든 채권·채무 관계는 "완전히 그리고 최종적으로 해결"된다고 규정한 청구권 협정에 따라 법적 책임을 인정할 수 없고, 식민 지배 자체도 당시의 국제법상 '합법'이었다는 입장이다. 이후 위안부 및 강제징용 관련 한국 내의 배상 판결에 대해서도 국제법 원칙에 근거하여 주권면제를 주장하게 된다. 반면, 한국 사회의 일반적 인식은 국제 인권 규범에 기초한 변화된 국제법을 수용하는 것을 법적 책임으로 보고 있다. 이는 위안부 문제를 여성 인권 문제로, 인도에 반하는 범죄로, 전쟁 범죄로 규정하는 정대협의 시각이 운동을 통해 확산된 것이라고 할 수 있다.

그렇다면 일본이 법적 책임을 져야 한다는 시각이 어떻게 한국 사회의 대중적 인식으로 자리 잡을 수 있었을까? 인권이 보편적 규범으로 간주되면서 식민 지배에 대한 국민적 기억과 감정을 정당화해주기 때문이다. 강대국의 이익을 보장했던 기존 국제법은 식민 지배의 불법성을 밝혀줄 수 없는 한계를 지니는 반면, 국제 인권 규범은 식민 지배의 불법성을 직접적으로 드러내 줄 수 있다. 또한 인권의 '보편성'은 국가 간의 '약속'보다 규범적으로 상위에 있다고 여겨지므로, 과거사 문제와 관련해서는 한국이 일본보다 도덕적으로 우위에 있다는 인식을 낳는다. 나아가 일본에 과거사에 대한 법적 책임을 묻는 것은 한국의 '희생자 의식 민족주의'와 결합하여 강한 대중적 지지를 만들어냈다. 임지현 교수는 희생자 의식 민족주의를 가해자 민족을 선험적으로 전제한 후, 앞선 세대가 겪은 희생자의 경험과 지위를 다음 세대가 세습하고, 세습된 희생자 의식을 통해 자신들의 민족주의에 도덕적 정당성을 부여하는 기억 서사라고 말한다.

이러한 대중적 시각에서 보면, 정치적 협상과 외교적 타협을 통해 과거사 문제를 해결하는 것은 한일 간의 비대칭적 조건에서 국익을 위해 타협을 선택했던 과거(한일 화해 1.0)를 상기시킨다. 도덕적으로 우위에 있음에도 불구하고, 타협하는 것은 상대의 권력에 굴복하는 것처럼 여겨진다. 한국의 경제력이나 국가적 위상이 대칭적 관계로 달라졌기 때문에 이제는 타협할 필요 없이 일본에게 법적 책임을 물어야 한다는 주장이 힘을 얻게 된다. 이 과정에서 경제·안보 측면에서 한일 양국 간의 긴장이 증가하고 협력이 약화되더라도 국가적 자존심을 위해 이를 감수할 수 있다는 태도를 보이는 것이다.

위헌 판결과 위안부 합의

아시아여성기금이 원래 목적을 달성하지 못하고 종결된 이후 수면 아래 가라앉아 있던 위안부 문제는 헌법재판소의 위헌 판결로 다시 부상하게 된다. 2011년 8월 30일 헌법재판소는 위안부 피해자와 유족들이 국가를 상대로 제기한 헌법소원에 대해 다음과 같은 요지의 판결을 내렸다. 한국 정부와 일본 정부 사이에 일본군 위안부 문제의 법적 해석을 둘러싸고 의견 차이가 있음에도 불구하고, 한국 정부가 청구권 협정에 규정된 절차에 따라 분쟁을 해결하려고 노력하지 않은 것은 헌법 위반이다(이른바 부작위 판결).

부작위 판결의 부담을 안은 한국 정부는 10여 년 만에 일본군 위안부 문제를 다시 대일 외교의 의제로 내세웠다. 이로 인해 한일 관계가 악화된 이명박 정부에 이어 등장한 박근혜 정부는 위안부 문제를 놓고 아베 정부와 거센 대립각을 세웠다. 갈등을 거듭하던 박근혜 정부와 아베 정부는 때마침 아시아로 관심을 전환한 미국의 오바마 대통령의 압박적 중재에 응하여 양국을 넘어서 국제적 이슈로 부각된 위안부 문제를 종식시키겠다는 의도를 가지고 정부 간 합의에 이르게 된다.

2015년 12월 28일 서울 외교부 청사에서 위안부 문제와 관련한 회담을 마친 뒤 윤병세 외교부 장관과 기시다 후미오 일본 외상이 공동 기자회견을 하고 있다.(연합뉴스)

1부 일본의 책임을 추궁하다 43

양국 외교부 장관은 2015년 12월 28일 서울에서 공동 기자회견을 열어 위안부 문제 해결 합의를 발표했다(이른바 위안부 합의). 위안부 합의는 법적 책임을 정치적 책임으로 되돌리기 위한 시도로, 이 합의에 따라 다시 한번 '사죄의 정치'가 이뤄졌다. 기시다 후미오(岸田文雄) 외상은 다음과 같이 말했다.

> 위안부 문제는 당시 군의 관여 하에 다수 여성의 명예와 존엄에 깊은 상처를 입힌 문제로서, 이러한 관점에서 일본 정부는 책임을 통감합니다. 아베 내각총리대신은 일본국 내각총리대신으로서 다시 한번 위안부로서 많은 고통을 겪고 심신에 걸쳐 치유하기 어려운 상처를 입은 모든 분들에 대해 마음으로부터 사죄와 반성의 마음을 표명합니다.

이렇게 일본 정부의 '책임' 통감을 명시한 다음, 일본 정부의 예산으로 위안부 피해자들을 지원하는 재단을 설립하여 이들의 "명예와 존엄의 회복 및 마음의 상처 치유를 위한 사업"을 진행하기로 하고, 이를 통해 위안부 문제가 "최종적 및 불가역적으로 해결"될 것을 확인했다. 이러한 조치는 명시적으로 법적 책임을 인정한 것은 아니지만 한국 측이 반발하는 '도의적'이라는 용어를 삭제하고, 일본 정부의 예산을 출연함으로써 배상의 성격을 드러내어, 아시아여성기금 때보다 진전된 모습을 보여 사실상 한국 측이 원하는 바에 접근했다고 볼 수 있다.

이 합의에 따라 2016년 7월 28일 일본 정부가 제공한 10억 엔을 가지고 '화해치유재단'을 설립하고 합의 당시의 생존자와 사망 피해자 유족에게 각각 1억 원과 2천만 원을 지급하는 사업을 시행했다. 그러나 합의가 발표되자마자 정대협은 기존의 7개항 원칙에 입각하여 법적 책임을 인정하고 공식적인 사죄와 배상을 해야 한다고 강하게 반발했고, 화해치유재단의 설립에 맞서 2016년 6월 9일 '정의기억재단'의 설립을 선포했다.

피해자 중심주의

정부 간 합의와 그에 따른 후속 조치가 진행되는 과정에서 '피해자 중심주의'가 양국 정부의 타협을 비판하는 정대협의 이론적 무기로 등장한다.

원래 피해자 중심주의라는 용어는 주로 여성학에서 사용되었다. 특히 위계에 의한 성폭력이나 가정 폭력 등 여성에 대한 범죄를 다룰 때, 객관이라는 이름으로 포장된 가해자(남성) 중심적 시각을 해체하고 피해자(여성)의 진술과 주장을 우선시해야 한다는 주장이다. 이 용어는 2000년 '운동사회 성폭력 뿌리뽑기 100인 위원회' 활동을 통해 퍼지기 시작하여, 2003년 10월 위원회 활동이 공식적으로 종결된 후에 성폭력 사건 해결의 원칙으로 광범위하게 언급되었다.

이 용어가 위안부 문제와 연결되어 언론에 보도된 최초의 사례는 박유하 교수의 '제국의 위안부' 사태 때다. 박유하 교수가 『제국의 위안부』라는 책에 담긴 주장과 표현 때문에 2014년 6월 나눔의집에 거주하는 위안부 피해자 9명으로부터 명예훼손으로 고소당하면서 이 사안은 사회적 관심사가 되었다. 이 사태는 당시 학계에서도 많은 논란이 되었는데, 이명원 경희대 교수는 박유하 교수에 대해 비판적 입장에서 "무엇보다 중요한 것은 피해자 중심주의를 견지하는 것"이라고 지적했다.

얼마 후 2015년 12월 28일 정부 간 합의가 발표되자 이 용어는 합의를 비판하는 강력한 무기로 사용되었다. 아래는 한겨레신문 2015년 12월 30일자 기사다.

> 정부가 위안부 피해 할머니들을 배제한 채 협상을 진행하고, 합의 뒤에도 외교부 차관들만 피해자 설득에 '투입'한 것은 적절치 않다는 지적이 나온다. 박 대통령은 취임 이후 (중략) 위안부 문제에 대해선 '피해자 중심주의'를 강조해왔다. 그러나 12·28 합의 당일 박 대통령은 '피해자 분들과 국민의 이해'만 요구했다. 시민사회가 반발하고 있는 일본의 '법적 책임 인정' 여부와 '최종적·불가역적 해결' 논란에 대해선 뚜렷한 태도를 밝히지 않고 있다.

피해자는 협상에서 배제되었고, 합의 이후에 설득도 부족했고, 결국 피해자가 납득하고 인정하지 못한 합의라는 것이다. 경향신문 2016년 8월 22일자 기사에 실린 역사학계 원로들의 성명에는 한층 강해진 표현이 등장했다.

> 지난 수십 년 간 피해자들이 요구한 '일본군 위안부 범죄에 대한 일본 정부의 공식 사죄와 보상 그리고 명예 회복과 재발 방지를 위한 교육' 등 그 어느 것 하나도 요구하지 않은 채, 단돈 10억엔에 역사를 팔아넘긴 것입니다. 반인륜적·반인권적 여성 범죄인 일본 '위안부' 문제 해결에는 '피해자 중심주의'가 견지되어야 합니다.

위안부 합의의 무력화

2017년 5월 10일 문재인 정부가 들어서자, 7월 31일 '한일 일본군 위안부 피해자 문제 합의 검토 태스크포스'(이른바 위안부 티에프)를 설치하여 합의 경위를 파악하고 내용을 평가하는 작업을 시작했다. 위안부 티에프 결과 보고서는 "피해자 중심적 접근이 위안부 협상 과정에서 충분히 반영되지 않았고, (중략) 협의 과정에서 피해자들의 의견을 충분히 수렴하지 않은 채, 정부 입장을 위주로 합의를 매듭지었다"고 결론을 내렸다. 이에 따라 위안부 합의는 무력화되고 만다.

여성학에서 처음 사용된 피해자 중심주의가 그 본래의 뜻에 따라 위안부 문제에 적용된다면, 일본이 피해자들의 증언을 신뢰할 수 없고 일본군의 책임이라는 증거가 부족하다며 책임을 부정할 때, 피해자의 기억과 경험을 신뢰하며 역사적 사실에 접근해야 한다는 원칙으로 적용되어야 할 것이다. 그러나 위안부 합의가 무력화되는 시점에서 피해자 중심주의는 '피해자의 뜻에 따라 일본에 법적 책임을 묻는 것'으로 그 의미가 변질되었다.

2017년 3월 말 현재 생존 피해자 46명 가운데 34명이 신청하여 32명에 대한 현금 지급이 결정된 화해치유재단의 사업은 위안부 티에프의 부정적 평가 이후 명맥을 유지해오다가, 2018년 11월 21일 정부가 화해치유재단의 사업을 종료한다는 방침을 밝힌 후, 발족 2년 4개월 만에 해산 절차에 들어갔다. 이로써 2015년 위안부 합의는 완전히 무력화되었다.

정부 간 합의와 그에 따른 후속 조치를 무력화시킨 이러한 피해자 중심주의의 본질은 '정의의 독점'과 '배제의 논리'다. 위안부 문제에 관한 한 자신들의 견해만이 역사적 부정의를 바로잡고 정의를 회복하는 유일한 길이고, 유일한 정의의 구현자인 자신들 이외의 모든 행위자를 부정하는 배제의 논리다. 이 배제에는 3중의 배제가 중첩되어 있다. 첫째는 일본이라는 외교 상대를 배제하는 한국의 논리이고, 둘째는 일본 정부와 타협한 한국 정부를 배제하는 시민단체의 논리이고, 셋째는 피해자의 다양성을 배제하는 피해자 일부의 논리다.

피해자 중심주의로 무장한 정대협은 98년 파트너십 선언에서 양국 정상이 확인한 사죄와 용서 그리고 그에 따른 한일 관계의 발전을 부정하고, 나아가 그들은 2010년대 일본의 우경화에 따른 아베 정부의 역사 인식을 최소 책임으로의 퇴행으로 간주하고, "위안부 문제를 해결을 위해서는 일본 정부의 법적 책임 인정, 공식 사죄, 개인 배상의 세 가지가 무엇보다 중요하다고 말해왔다." 정의를 독점하고 배제의 논리에 입각하여 정대협은 '극단적인 최대 책임'을 주장하여 정부 간 합의조차 무력화시켰다.

위안부 티에프가 정대협(2018년 7월 11일 정대협과 정의기억재단이 통합하여 정의기억연대가 출범)이 주장하는 피해자 중심주의라는 기준으로 정부 간 합의를 평가하고, 그 평가에 따라 정부가 화해치유재단의 사업을 종료시켰다는 것은 문재인 정부가 정대협의 주장에 포획되어, 김대중 정부 이래의 노선에서 이탈했음을 의미한다. 앞에서 언급했듯이 김대중 정부는 피해자에 대한 금전적 보상은 한국 정부가 하고 일본과는 외교 문제로 삼지 않는다는 방침을 가지고 위안부 문제를 관리했다. 그러나 문재인 정부는 국내의 반발 세력과 일본이라는 외교 대상 사이에서 갈등 현안을 관리하고 조정해야 하는 주체성을 상실하고 피해자 중심주의의 실행자가 되고 말았다. 그 결과 극심한 진영 대립의 양상을 보이는 국내 정치에서 오히려 갈등의 조장자가 된 것이다. 위안부 문제의 두 번째 정치적 화해도 좌초했다. 한일 관계는 점차 깊은 수렁으로 빠져 들어가고 있었다.

한일 역사 화해에 대한 나의 원초적 생각

2015년 12월 28일의 합의 내용을 들었을 때 나는 정대협의 주장이 상당히 반영된 꽤 괜찮은 합의라고 생각했다. 그러나 며칠이 지나지 않아 위안부 합의가 파행의 길로 향하고 있음을 감지했다. 무언가 잘못되어가고 있음을 직감했다. 김대중 대통령이 열었던 화해한 한일 관계는 어디로 가고 있는가. 왜 이렇게 되었는가. 그 많은 전문가와 정치가는 무엇을 하고 있단 말인가. 이런 물음이 계속 이어졌고, 나는 본격적으로 현대 한일 문제에 깊은 관심을 갖게 되었다.

고려대학교 글로벌일본연구원에서는 좀처럼 실마리를 풀지 못하는 한일 과거사 문제를 포괄적으로 다뤄 보고자 하는 기획을 세우고 2016년 2월 '화해연구팀'을 발족했다. 팀장을 맡게 된 나는 연구원 내 각 센터 소속 연구원을 기축으로 하면서 외부에서 전문가들을 새로 충원했다. 한일 양국에서 과거사 문제 관련 소송에 관여해온 변호사를 비롯하여 이 문제에 관심을 갖고 있는 법학, 국제정치학, 역사학 분야의 전문가와 독일 역사 연구자 등이 화해연구팀에 합류했다.

진용이 갖춰지자 화해연구팀은 내부 세미나를 열면서 국내외 전문가를 초청하여 워크숍을 진행했다. 1965년 한일 국교정상화 당시 명확하게 처리하지 않은 청구권 문제를 둘러싼 소송, 국제정치 분야에서 축적된 화해 이론, 조선인 강제동원 및 권리 찾기, 한일 청구권 협정과 남긴 문제, 일본군 위안부 문제, 사할린 한인 문제, 원폭 피해자 문제,

재일한국인 문제, 일본에서 전개된 전후 보상 재판 등 다양한 내용이 다뤄졌다. 이외에도 일본의 전후 처리 문제를 생각하는 단서를 찾고자 일본의 저명한 독일 역사 전문가를 초청하여 전후 독일에서 어떻게 전쟁 책임이 단죄되었는가에 대해서도 고민해봤다.

1년간 화해연구팀이 진행해온 연구 성과를 모아 2017년 7월 『한국과 일본, 역사 화해는 가능한가』를 편집했다. 나는 서문 「한일 역사 화해를 향하여」에서 한일 역사 화해에 관해 그 동안 생각한 세 가지 점을 제시했다.

첫째, '성찰'적 시각의 필요성이다. 한일 간에 대립하는 쟁점에 대한 연구와 주장을 할 때 보통 자기중심적으로 하게 된다. 자기 쪽에 존재하는 문제에는 눈을 감거나 비호하면서 상대 쪽만을 응시하고 공략해서는 상호 간에 존재하는 차이를 좁히기 어렵다. 대립이 발생하게 된 원인과 과정을 성찰적으로 살펴볼 필요가 있다. 나에게는 어떤 문제가 있는가, 왜 상대는 나에게는 그런 식으로밖에 대할 수 없는가, 즉 그들의 한계점과 동시에 나의 문제점을 균형 있게 바라볼 수 있는 시각이 요구된다.

둘째, '과정'으로서의 화해다. 지금까지 한일 역사 화해는 '사죄→용서→화해'의 프로세스로 이해되고, 이런 틀에서 행동이 이루어져왔다. 이 틀에서 화해는 최종 결과로서 상정되어 있다. 이러한 화해는 가해자의 사죄와 피해자의 용서가 선행되지 않으면 결코 도달할 수 없다. 현재 한일 간의 역사 문제를 둘러싼 교착 상태는 바로 이 틀로는 한일 역사 화해를 이룰 수 없다는 점을 보여주고 있다고 생각한다. 나는 화해가 최종 결과가 아니라 한 순간 한 순간, 한 단계 한 단계 진행되는 과정으로 보고 싶다. 그리고 어쩌면 그 과정은 끝이 없을지도 모른다. 역사적 사실 확인을 위한 공동의 노력, 확인된 사실에 기반을 둔 과거의 기억과 추모, 그리고 미래를 향한 협력과 교류, 이러한 끝없는 과정 그 자체가 바로 화해라고 나는 생각한다.

셋째, '일반 시민'과의 공유다. 역사 문제의 장에서 주로 발언하는 사람들은 한국의 피해 당사자와 피해자를 지원하는 시민단체, 일본의 양심적 지식인과 극우 세력, 그리고 양국의 정부 당국자다. 이들이 주도하는 담론의 장에서 일반 시민은 자신의 목소리를 내기 어렵다. 어떤 경우 발언해서는 안 되는 일종의 터부조차 있다. 국지화된 담론의 장이 역사 화해를 지체시키는 작용을 하고 있을지도 모른다. 역사 화해를 촉진시키기 위해서는 열린 담론의 장이 필요하고 그러기 위해서는 역사 문제를 일반 시민과 공유하는 것이 요구된다.

이 세 가지 점은 이후 나의 생각이 확장되면서 '포용론적 화해론'으로 결실을 맺게 되는 원초적인 단상들이다.

오누마 교수의 좌절과 회한

2017년 3월 고려대학교 평화와민주주의연구소 소장을 맡게 된 나는 동아시아화해협력센터를 신설하고 센터장을 겸임하며 한일 역사 화해 문제에 한발 더 내디었다. 때마침 6월에 '화해학의 창성'이라는 주제로 프로젝트를 시작한 일본 와세다대학과 교류하게 되었다. 와세다대학 협력 파트너는 이후 국제화해학연구소로 발전했고, 양 기관은 학술 교류 협력을 강화하고 현안으로 떠오른 한일 역사 문제에 대해 공동 대응을 시도하게 된다.

2018년 8월 8일 조진구 교수와 함께『한중일 역사 인식 무엇이 문제인가: 갈등과 대립의 구도를 넘어서길 희망하며』를 번역 출간했다. 원작은 오누마 야스아키(大沼保昭)교수가 2015년 일본의 중앙공론신사에서 출판한『「歷史認識」とは何か―對立の構圖を超えて』다. 오누마 교수는 아시아여성기금을 주도했던 분으로 한일 역사 문제의 연구자이자 활동가다. 이 책은 도쿄재판, 전쟁 책임, 전후 책임, 사할린 잔류 한국인, 위안부 문제 등에 관한 오누마 교수의 지금까지의 연구를 바탕으로 한일 및 중일 간에 격렬하게 논의되고 각각의 국내에서도 논쟁의 대상이 되고 있는 '역사 인식'이란 테마에 대해서 대화체로 이야기한 것이다.

나는 원래「옮긴이의 말」을 썼으나 그 내용이 번역서에 싣기에는 적절치 못하다고 판단하여 조진구 교수의 글로 대체했다. 여기에 내가 쓴 원고를 부록으로 첨부한다.

『한중일 역사인식 무엇이 문제인가』「옮긴이의 말」

오누마 야스아키 명예교수는 도쿄대학 법학부에서 국제법을 연구하고 가르쳤다. 그의 연구는 자신의 주변을 감싸고 있는 현실의 문제를 떠나지 않았다. 현실과 마주하며 사색하고 현실의 개선을 위해 몸소 실행했다. 그는 스스로 학자이자 시민운동가라고 한다. 특히 한일 역사 문제의 해결에 한없는 애정을 갖고 깊이 관여했다. 일본에서 유학한 한국인으로 한일 문제에 관심을 갖고 있는 사람이라면 비록 도쿄대학에 적을 두지 않았더라도 오누마라는 존재를 알고 있을 것이다. (중략)

이 책은 저자가 한국어판 서문에서 소상하게 밝혔듯이 저자 자신의 연구 성과와 실천적 지혜를 인생의 종반부에 이르러 총정리한 것이다. 최고 수준의 학문적 권위와 진지한 실천적 삶에서 우러나는 이 책의 내용을 여기서 굳이 설명할 필요가 없다. 저자의 일본어판 서문과 대담자 후기 그리고 저자의 한국어판 서문에 충분히 밝혀져 있다. 인터뷰 형식을 통해 저자는 독자와 대화하듯 이 책을 전개하기에 독자는 저자의 말을 듣기만 하면 충분히 이해할 수 있다.

번역을 끝내고 이 글을 쓰기 위해 나는 저자의 한국어판 서문을 포함하여 원문을 처음부터 끝까지 다시 읽었다. 한국어판 서문에서 저자는 역사 문제에 대하여 한국의 독자들과 진솔한 대화를 간절히 원하고 있다. '학문적 진실'에 의거한 소통을 통해 한국인과 일본인의 인식 변화 그리고 한일 관계의 긍정적 변화가 이루어지기를 기대하고 있다. 이를 위해 함께 노력하자고 한국의 독자에게 호소하고 있다. 번역자인 나부터 그의 요청에 응하기로 했다. 그의 소망대로 원문을 한 줄 한 줄 꼼꼼히 읽으며 저자와의 대화를 시도했다. 상당한 시간이 지나면서 나의 생각을 기록한 노트도 상당히 길어졌다. 여기서 그 중 몇 가지를 소개하고자 한다.

저자가 이 책에서 가장 중요시하는 개념은 '학문적 진실'일 것이다. 지식인이든 일반인이든 쉽게 빠져드는 일면성, 오류, 편견, 선입견에서 벗어나기 위해 학문적 진실에 의거해야 한다는 것이다. 따라서 학문적 진실을 담고 있는 자신의 책이 번역되어 많은 한국인이 읽게 되면 한국인과 한국 사회가 일면성, 오류, 편견, 선입견에서 벗어나 한일 문제가 해결될 수 있다고 저자는 믿고 있다. 그러나 이 책은 정말 학문적 진실을 담고 있는가?

원래 나는 '비판적' 독서를 하는 습관이 있다. 지금까지 나의 저작들의 대다수는 그런 비판적 독서의 산물들이다. 이 책의 저자와의 대화도 주로 그가 말하는 학문적 진실의 '흠결 찾기'에 집중되었다. 이거야말로 저자가 원하는 바라고 생각하면서 이잡듯 뒤졌다. 세세한 것들은 차치하고 나름 꽤 큰 성과라고 생각하는 세 가지 점을 발견했다.

첫째, 역사의 단절성과 연속성의 측면이다. 저자는 1945년의 패전을 기점으로 일본 현대사의 단절성에 큰 의미를 부여하고 있다. 저자의 관점은 한편으로는 45년 이전 시대의 사실을 규명하여 잘못을 반성하고, 다른 한편으로는 45년 이후 일본의 성취를 자랑스럽게 여기자는 것이다. 따라서 그의 학문적 진실은 두 방향을 향하고 있다. 하나는 45년 이전 시대의 사실을 왜곡하거나 잘못을 시인하지 않는 태도나 언행을 질책하는 것이고, 다른 하나는 45년 이후 시대의 일본의 잘한 점을 있는 그대로 칭찬하는 것이다. 패전국 독일은 물론 승전국인 미국, 영국, 프랑스 등 선진국에 비해 상대적으로 일본이 잘한 점을 부각시키고 있다. 물론 45년 이전의 침략 전쟁을 했던 군국주의 일본과 그 이후의 평화와 민주주의를 제도화해간 일본의 단절성은 명백하다. 그러나 저자는 단절성에 치우침으로서 연속성의 측면을 간과하는 흠결을 보이고 있다고 나는 생각한다. '일본주의'라는 의식이 비록 드러나는 모습은 다르지만 패전 이후에도 이어지고 있다고 나는 본다. 따라서 특히 식민지 책임, 전쟁 책임, 전후 책임의 문제를 처리하는 과정에서 일본이 주변국에게 보여준 실망스러운 모습은 연속성에 기인한다고 나는 생각한다.

둘째, '소극적 책임론'과 '적극적 책임론'의 구분이다. 저자와 대화를 하면서 나는 책임을 소극적, 적극적 두 가지로 구분하는 시도를 했다. 간단히 말하자면 소극적이란 상황과 상대의 압력에 어쩔 수 없이 수동적으로 최소한의 제한된 책임에 응하는 것이고, 적극적이란 상황과 상대의 압력이 있기 전에 혹은 직면하여 능동적으로 최대한의 책임을 지는 것이다. 이 구분을 가지고 한국과 일본의 입장을 단순하게 정리한다면, 한국은 적극적 책임론의 입장에서 일본을 추궁하는데, 일본은 소극적 책임론으로 일관하고 있으며, 이 갭을 메우지 못해 양국의 역사 인식을 둘러싼 갈등이 좀처럼 해결되지 못하는 것이다. 이러한 나의 구분에 따르면, 이 책에서 주장하는 저자의 책임이 어느 쪽인지 애매할 경우가 있다. 어떤 부분에서 저자는 적극적 책임론의 입장에서 서서 일본의 소극적 책임론을 비판하기도 하며, 어떤 부분에서는 자신이 취하는 적극적 책임론에서 일본이 취하는 소극적 책임론으로 전환한 것이 아닌가 하는 의심이 들기도 한다.

셋째, 1945년 이후의 일본의 성취를 서구 선진국과 비교하는 저자의 설명에서 그가 주장하는 논점이 해당 문제의 맥락을 벗어난다는 인상을 지울 수 없었다. 현시점에서 식민지 책임을 전혀 의식하지 않는 서구 선진국에 비해 일본이 일정 부분 주변국에게 보여준 식민지 책임의 모습을 일본은 자랑스럽게 여겨도 좋다거나, 독일이 실행한 전쟁 책임에 비해 일본이 실행한 전쟁 책임 및 전후 책임은 독일 못지않다는 주장에 선뜻 수긍하기 힘들었다. 이러한 저자의 주장의 근저에 앞에서 말한 '일본주의의 연속성'과 '책임론의 애매성'이 자리잡고 있지 않나하는 의구심을 가지게 되었다.

이상의 세 가지 점에 대해 지면이 한정되어 구체적으로 설명하지 못했다. 게다가 이 점들에 대한 나의 생각이 아직 정리되지 않아 이 점들이 진정 저자의 흠결인지도 지금은 확신하지 못한다. 어디까지나 내가 느낀 점을 소개했을 뿐이다. 그럼에도 불구하고 감히 여기서 밝히는 이유는 이러한 과감한 대화가 앞으로의 미래를 개선해갈 후학들의 과제라고 생각했기 때문이다.

처음 병상에서 보내온 저자의 한국어판 서문을 읽었을 때, 나는 그의 호소에 깊은 감동을 받았다. 위안부 문제 해결을 위해 그가 관여한 아시아여성기금 운동의 좌절과 회한이 마치 나의 좌절과 회한으로 다가왔다. 그러나 그 좌절과 회한의 늪 속에 빨려 들어가면서도, 자신의 사색과 행동 그리고 성찰에 기반해서 후대의 분발을 촉구하는 간절함이 깊은 과거의 늪에서 벗어나 미래의 희망을 향해 나의 가슴을 뛰게 하고 있었다. 나도 그가 남긴 과제를 충실히 수행해야 한다는 자각에서 아직 설익은 몇 가지 논점을 늘어놓았다. 앞으로 이 책을 가지고 연구회, 독서회, 포럼을 해가면서 나의 논점을 정밀하게 다듬고, 한국의 독자들과 함께 저자의 바람에 대한 답을 찾아보려고 한다.

올해는 1998년에 김대중 대통령과 오부치 총리가 맺은 '21세기의 새로운 한·일 파트너십 공동선언'이 발표된 20주년이 되는 해다. 그 당시 학문적 실천적 삶의 전성기를 보낸 오누마 선생님이 자신의 경험을 딛고 새로운 시대를 열어가길 기대하며 후대에게 남긴 이 책을 한국의 독자에게 전달한다.

2018년 7월

4장 대법원 판결과 역사 전쟁

대법원 판결

2012년 5월 24일 김능환 대법관이 미쓰비시중공업과 신일철주금을 상대로 한 소송에서 원고인 강제동원 피해자의 손을 들어줬다. 일본 법정에서 세 번 패하고, 한국 법정에서 1,2심 모두 패소한 소송이 막판에 뒤집혔다. 역사적인 순간이었다. 김 대법관은 주변 지인들에게 "건국하는 심정으로 이 판결을 썼다"는 말을 했다고 한다. 그의 말은 사실을 담고 있다. 1948년 대한민국 정부가 수립되고 1965년 일본과의 국교정상화 이후 이어져 오던 대한민국의 국가 정체성의 일부를 부정하는 새로운 역사를 그는 판결문에 새겼다. 아마도 그는 이후 이 판결이 가져올 파장의 깊이를 당시에는 알지 못했을 것이다.

2013년 2월 취임한 박근혜 대통령은 재임 기간 중 파기·환송 판결의 최종 결론을 유보하고 있었다. 국가 정체성과 한일 관계에 가져올 파장을 감안했기 때문일 것이다. 그러나 2017년 5월 촛불시위의 결과로 탄생한 문재인 정부는 전 정부의 척폐청산을 앞세웠고 양승태 대법원의 '사법농단'이 척결 대상이 되었다. 대법원의 숙원 사업인 상고법원 설치와 강제동원 피해 배상 판결을 교환하려 했다는 점이 제기되었다.

이러한 상황 속에서 2018년 10월 30일 마침내 대법원은 전원 합의체 판결(이른바, 대법원 판결)로 원고 승소를 최종 확정지었다. 이로써 징용자 문제가 한일 관계의 현안으로 부상했다. 위안부 합의의 무력화로 악화된 한일 관계는 더욱 심연으로 빠져들었다. 대법원 판결은 전쟁의 포문을 연 격이었다. 이중의 전쟁이었다. 국내에서는 진영 전쟁이, 일본과는 역사 전쟁이 벌어졌다.

강제징용 피해자 이춘식 씨 등은 2018년 10월 30일 대법원에서 열린 일제 강제동원 피해자들의 신일철주금에 대한 손해배상 청구소송 재상고심에서 승소했다.(연합뉴스)

대법원 판결의 핵심 쟁점은 1965년 청구권 협정으로 한국 정부가 일괄 청산 방식으로 청구권 자금을 받았음에도 불구하고, 훗날 피해자 개인이 손해배상을 청구할 수 있는 권리가 남아 있는지 여부였다. 이에 대한 대법원의 결론(다수 의견)은 개인 청구권이 소멸하지 않았다는 것이다. 따라서 피고 기업은 원고에게 배상하라는 판결이다.

여기서 주목할 점은 이런 판결을 내린 근거다. 대법관 다수 의견은 "일본의 국가 권력이 관여한 반인도적 불법 행위나 식민 지배와 직결된 불법 행위로 인한 손해배상 청구권은 청구권 협정의 적용 대상에 포함되기 어렵다"고 봤다. 풀어 말하자면, 일본의 식민 지배는 불법이고 그 불법적 체제를 유지하기 위해 이루어진 강제동원 행위는 식민 지배와 직결된 불법 행위이기 때문에 청구권 협정의 적용 대상에 포함되지 않는다는 것이다. 이러한 판결의 근거를 자세히 살펴보면, 그 근거가 식민 지배의 성격 규정(식민 지배가 합법인가 불법인가)으로부터 도출된 것임을 확인할 수 있다.

원래 청구권 협정은 샌프란시스코 조약에 근거하여 한일 양국 간의 재정적·민사적 채권 채무 관계를 정치적 합의에 의하여 해결한 것일 뿐, 일본의 불법적 식민 지배에 대한 배상이 아니었다. 청구권 협정 당시 일본의 주장이었던 이 점을 다수 의견이 파고들었다. 강제동원은 불법적 식민 지배와 직결되는 것이니, 강제동원으로 인한 정신적 피해에 대해 위자료를 지불하라는 것이다. 이 판결을 일본이 수용하고 국제사회가 동조하면 한국으로서는 참으로 좋았을 것이다.

그러나 이러한 대법원 판결이 갖고 있는 문제점은 샌프란시스코 조약에 근거하여 성립한 청구권 협정과 충돌한다는 점이다. 1장에서 보았듯이 청구권 협정은 식민 지배의 성격을 확정하지 못하고 양국이 원하는 방향으로 해석하기로 타협하고 봉합한 결과 성립했다. 이제 그 봉인을 해지하고 식민 지배가 불법이라고 규정하고 판결을 내렸으니, 일본이 수용할 리가 없고, 샌프란시스코 체제의 주요 국가들이 이 판결에 호응할 리가 없다. 결국 이 판결로 '새롭게 건국한 나라'는 일본과 역사 전쟁을 마주하게 되었다. 그것도 미국을 포함하여 국제사회의 우군이 별로 없는 매우 불리한 전쟁이었다.

역사 전쟁

샌프란시스코 조약과 청구권 협정으로 패전의 책임을 다 지고 새로운 국제관계를 설정했다는 관점을 유지해온 일본 정부는 대법원 판결이 국제법 위반이라고 주장했다. 2019년 1월 9일 일본 정부는 청구권 협정에 근거하여 양국 간 협의를 요청하기도 하고, 5월 20일 중재위원회를 만들자고 요청하기도 했으나 한국이 불응하자 대법원 판결을 정치적으로 수용하지도, 외교적으로 조정하거나 타협하지도 않을 것이라고 반복적으로 말하면서, 단 한 발짝도 물러서지 않을 것임을 강조했다. 일본 정부는 외교를 통한 해결을 차단해버렸다.

이는 위안부 문제를 대했던 때와는 확연히 다른 모습이다. 비록 일본이 위안부 문제도 청구권 협정으로 법적 책임을 다하여 양국 간 모든 문제가 해결되었다는 입장을 견지했지만, 청구권 협정 당시 위안부 문제가 다뤄지지 않았고, 전시하 여성에 대한 끔찍한 인권 침해였기에 일본은 도의적 책임이라는 명분으로 위안부 문제의 해결을 위해 한국과 외교적 협상을 이어왔다. 문재인 정부가 위안부 합의를 무력화했어도 재협상이나 파기를 요구해오지 않는 한 대응을 자제하고 있었다. 그러나 징용자 문제에 직면해서는 단호한 모습으로 일관했다. 징용자 문제는 청구권 협정의 조문에 근거하여 "완전히 그리고 최종적으로 해결"되었다고 강고하게 대응했다.

그렇다면 한국 정부의 입장은 어떠한가? 대법원 판결에 대해 한국 정부는 삼권분립의 원칙에 따라 사법부의 판단을 존중한다는 입장을 천명했다. 이는 대법원 판결의 이행 이외에는 한국 정부가 할 일이 없다는 것을 의미한다. 한국 정부 또한 정치력을 발휘하여 일본 정부와 외교를 통한 해결의 길을 스스로 차단했다고 보아도 좋을 것이다. 결국 한국의 대법원 판결은 한국과 일본 양국의 외교가 실종되어버리는 결과를 초래했다.

국제관계는 외교와 전쟁의 연속적 과정이다. 외교가 끝나는 지점에서 전쟁이 시작되고, 전쟁이 끝나면서 다시 외교가 시작된다. 과거의 외교적 합의를 부정한 대법원 판결로 한일 양국은 외교적 협상을 포기하고 전쟁으로 돌입했다. 역사 분야에서 시작한 전쟁이 군사·안보·경제 분야를 거쳐 시민사회 전반으로 전선이 확대되어 간 양상을 살펴보자.

경제·안보 분야로 확전

대법원 판결 이후 두 달쯤 지난 2018년 12월 20일 예상치 못한 사건이 터졌다. 노토(能登)반도 해역에서 경계 감시 중이던 해상자위대 초계기에 한국군 구축함이 화기 관제 레이더(사격 통제 레이더)를 쐈다. 레이더를 쏘는 것은 화기 사용에 앞서 이루어 지는 매우 위험한 행위다. 일본은 한국이 노골적으로 '적대 행위'를 했다고 주장했다.

이에 대해 한국 국방부는 한국군은 정상적인 작전 활동 중에 레이더를 운용했지만 해상 초계기를 추적할 목적으로 운용한 사실이 없다고 밝혔다. 이후 해상자위대 초계기가 위협 비행을 했다느니, 한국 해군이 레이더 조준을 했다느니 하며 진실 공방이 이어지며, 한일 국방 당국 간 신뢰 관계를 파탄으로 몰아갔다.

대법원 판결에 반발한 일본이 청구권 협정 규정에 따라 요구한 중재 절차에 응답하지 않던 한국 정부는 2019년 6월 19일 손해배상 판결을 받은 일본 기업과 65년 청구권 자금을 토대로 만들어진 포스코 등 한국 기업들이 출연한 기금으로 판결금을 지급하자는 타협안을 제시했다. 그러나 이른바 1+1안이라 불렸던 이 타협안을 일본은 거부했다. 일본 기업의 돈이 직접이든 재단을 거쳐서든 원고에게 전해지면 대법원 판결을 인정하게 되고 그로 인해 65년체제가 무너진다고 판단한 것이다.

대법원 판결에 대한 한국 정부의 불성실한 외교적 대응에 일본에선 보복 조치를 요구하는 목소리가 커지기 시작했다. 마침내 2019년 7월 1일 일본 경제산업성이 반도체 및 디스플레이 제조 핵심 소재의 수출을 제한하기로 발표하면서 본격적으로 한국에 대한 경제 제재에 돌입했다. 이어서 8월 7일 일본은 전략 물자에 대한 수출 규제 우대 조치가 적용되는 백색국가(White List)에서 한국을 제외하는 경제 제재 조치를 단행했다.

일본이 한국을 화이트 리스트에서 제외하자 문재인 대통령은 강한 유감을 표명하고, 우리는 다시는 일본에 지지 않겠다고 표명하고, 이순신 장군의 열두 척 배를 언급하기도 했다. 결국 안보 분야로 확전되었다. 한국은 8월 23일 한일군사정보보호협정(GSOMIA)의 종료 의사를 일본에 통보했다. 2016년 맺은 이 협정은 유효기간이 1년 단위로 만료 90일 전 연장 여부를 통보하는데, 일본의 경제 보복을 이유로 종료 의사를 통보했던 것이다.

미국은 지소미아가 북한의 핵·미사일을 대비하는 데 매우 중요하다는 입장으로 한국 정부에 종료 결정을 철회하라고 압박했다. 지소미아 종료 결정이 미국의 인도·태평양 전략에 역행하는 일탈 행위로 간주하는 미국을 설득하는 것은 애초에 불가능했다. 당시 하노이 북미 회담

결렬로 남북 대화마저 중단된 상태여서 사면초가에 몰린 한국 정부는 궤도를 수정하지 않을 수 없었다. 한국은 지소미아 종료, 일본은 수출 규제에서 서로 한발씩 양보하자는 타협책으로 출구를 모색했다.

이에 일본의 불응으로 진전이 없자 한국은 한발 더 물러난 대법원 판결 해결책을 일본에 제시하기 위해 이낙연 국무총리를 10월 22일 거행되는 천황 즉위식에 참석한다는 명분으로 도쿄에 파견했다. 이 총리는 지난 6월 한국 정부가 제시한 1+1안에서 한국이 더 양보한 1+1+α안을 가지고 갔다. 기금에 참여하는 일본과 한국 기업 외에 한국 정부도 자금 출연에 참여해 징용자에게 지급한다는 안이다. 그러나 10월 24일 면담에서 아베 총리는 "한국이 징용공 문제를 해결하는 게 가장 중요하다"고 말하며 이 제안을 단칼에 거절했다.

지소미아 종료 시점이 다가오고 있었다. 미국의 철회 압박은 무거워지고 있었다. 결국 11월 22일 한국이 물러섰다. 종료 결정을 철회했다. 국가의 모든 위신을 걸고 벌인 안보 전쟁에서 한국이 백기를 들고 말았다. 처참한 결말이었다.

지성의 마비

일본의 경제 보복 조치는 시민사회로 전장이 확산되는 결과를 가져왔다. 일본 상품 불매 운동이 시작되었다. 여기에 기름을 부은 것은 정치인들이었다. 정부 여당 인사들은 대일 강경책을 호소하고, 우리 안의 토착왜구를 박멸하자는 격앙된 발언을 서슴치 않았다.

당시 조국 청와대 민정수석의 반일 메시지는 압권이었다. 2019년 7월 14일 자신의 페이스북에 동학농민운동을 소재로 한 죽창가를 링크하는 것을 시작으로 18일에는 한국 사회를 애국이냐 이적이냐라는 이분법적 논리로 가르며 선동했다.

> 대한민국의 의사와 무관하게 '경제 전쟁'이 발발했다. 문재인 대통령은 이 경제 전쟁의 최고 통수권자로 혼신의 힘을 다하고 있다. 전쟁 속에서도 협상은 진행되기 마련이고, 또한 그러해야 하며, 가능하면 빠른 시간 안에 종전해야 한다. 그러나 전쟁은 전쟁이다. 이러한 상황에서 중요한 것은 진보냐 보수냐, 좌냐 우냐가 아니라, 애국이냐 이적이냐이다.

지소미아 패전은 오히려 시민사회의 감정을 더욱 격앙시켰고 일본 제품 불매 운동도 더욱 확대되어갔다. 아베 타도를 외치는 촛불이 타올랐다. 지식인도 참전의 대열에 합류했다. 조정래 작가의 발언은 충격적이었다.

소설『태백산맥』과『아리랑』등으로 유명한 조정래 작가는 2020년 10월 12일 등단 50주년 기념 기자간담회에서 "반민특위는 민족정기를 위해 왜곡된 역사를 바로잡고자 반드시 부활시켜야 한다. 그래서 150만 정도 되는 친일파를 단죄해야 한다"고 주장했다. 특히 그는 "토착왜구라고 불리는 일본 유학파, 일본에 유학을 갔다오면 무조건 다 친일파가 되어버린다. 민족 반역자가 된다"면서 "일본의 죄악에 대해서 편들고 역사를 왜곡하는 자들을 징벌하는 새로운 법을 만드는 운동이 지금 전개되고 있다. 내가 적극 나서려 한다. 법으로 그런 자들은 다스려야 한다"고 말했다.

첫 장면이 아직도 생생하게 남아 있을 정도로 장편소설『태백산맥』을 감동적으로 읽었던 나는 이 기사를 읽고 나의 눈을 의심했다. 일본 유학을 다녀온 내가 친일파이고 민족 반역자라서 법의 징벌을 받아야 한다는 이 논리를 도저히 이해할 수 없었다. 조정래 작가가 며칠 후 "일본에 유학을 갔다오면 무조건 다 친일파가 되어버린다"는 말은 본의가 아니라고 해명했고, 그의 해명이 사실이라고 해도, 토착왜구를 법으로 단죄해야 한다는 생각을 갖고 있는 조 작가에게서 지성이 마비되는 현상을 목격했다.

조국과 조정래가 선동하는 이 전쟁은 한일 전쟁과 국내 진영 전쟁이 중첩되어 있었다. 박근혜 정부의 적폐청산은 식민 지배 청산과 맞물려 있었다. 아니 진영 전쟁에 한일 전쟁이 동원된다는 점에서 오히려 진영 전쟁이 더 본질적이라고 할 수 있다. 이로부터 '한일 문제는 국내 문제다'라는 제1 명제가 도출된다. 분명한 것은 이 전쟁에서 대한민국의 지성은 선동에 참여하든지 침묵하든지 둘 중의 한쪽에 속했다. 그 어느 쪽도 마비된 지성의 모습임에 다를 바 없다.

한일 전쟁이 확대되는 과정에서 양국 정부와 정치인 그리고 언론은 자국의 입장에서 상대의 책임을 추궁하고, 그에 따라 국민들의 반일·혐한 의식과 행동도 증폭되었다. 여기서 중요한 점을 확인하고 넘어가자.

식민 지배 당시에 만들어진 '본원적' 상처와 분노는 국교정상화와 파트너십 선언을 거치면서 많은 부분 치유되었고, 앞으로도 남은 상처를 치유해야 한다는 것에 대해서 한일 양국은 견해 차이가 없다. 문제는 위안부 합의 파행이나 대법원 판결로 인해 발생한 '파생적' 분노와 상처가 훨씬 크다는 점이다. 그리고 이 상처와 분노는 한국만이 아니라 일본도 마찬가지로 갖게 된다는 점이다. 그로 인해 반일과 혐한의 악순환이 거듭되며 양국 관계가 파국에 이르렀다. 이러한 현상의 책임을 오로지 일본에만 돌릴 수 없고, 한국도 한일 전쟁의 책임으로부터 자유로울 수 없다. 이런 점들을 성찰해야 한다. 여기서 '역사 문제는 파생의 문제다'라는 제2 명제가 도출된다. 부연하자면, 오늘날의 역사 문제는 본원적 문제보다 파생적 문제가 더 크다.

책임론적 화해론이 초래한 역설적 현상

2019월 10월 24일 이낙연 총리가 문재인 대통령의 친서를 통해 아베 총리에게 전달한 1+1+α안이 거부당했을 때 한국 정부의 역할은 사실상 소멸했다. 한국 정부는 더 이상 제시할 카드가 없었다. 문재인 정부 스스로 설정한 구조적 프레임 때문이었다. 나는 그것을 '3자일치 프레임'이라고 부른다.

징용자 문제와 위안부 문제는 같은 듯하면서 다른 문제다. 한국이 같은 측면에 집중하여 전쟁을 수행한 반면 일본은 다른 측면에서 접근하며 응전했다. 이 차이가 이 전쟁의 승패를 갈랐다.

이 전쟁은 위안부 합의 파행에서 시작하여 대법원 판결로 확전되었다. 한국 쪽은 피해자 지원단체, 피해자의 손을 들어준 사법부 그리고 피해자를 지지 세력으로 하는 문재인 정부로 구성되었다. 이 3자를 묶어주는 철학적 기초는 책임론적 화해론이다. 위안부 합의를 파행시킨 단계에 이른 책임론적 화해론은 원리주의를 극단적으로 몰고 간 책임론이었다.

식민 지배의 불법성에 근거를 두고 있는 '사법적 정의'와 피해자의 뜻에 따라 한다는 '피해자 중심주의'라는 원리에서 보면 위안부 문제나 징용자 문제는 별반 차이가 없었다. 비록 다름을 인지하고 있다고 해도 정의와 원리가 압도적인 위력을 발휘하고 있기에 다름은 지엽적이며 부수적인 것에 지나지 않았다. 전쟁의 최전선에서 싸우는 이들에게 두 문제의 차이는 그다지 중요하지 않게 여겨졌다. 따라서 대법원 판결에 대해 일본이 저항하자 위안부 문제처럼 밀어붙일 수 있다고 생각했다.

그러나 반대쪽, 즉 현실주의나 점진주의 입장을 취하고 있는 일본과 한국 내의 반대 진영에서 보았을 때 징용자 문제와 위안부 문제의 차이는 컸다. 일본의 현실주의는 물론 한국의 점진주의도 청구권 협정을 부정하지 않는다. 위안부 문제는 청구권 협정에서 다뤄지지 않았지만, 징용자 문제는 청구권 협정 당시 이미 주요 쟁점이었고 결국 타협을 보았다.

따라서 일본은 양자의 다름의 측면을 정확히 포착하고 일관성 있게 응전했다. 한발짝도 물러서지 않았다. 오히려 한국의 화력이 약해져 가자 공세로 돌아섰다. 완전히 공수가 전환되었다. 애초에 한국이 전선을 너무 많이 돌파했다. 특히 지소미아 종료 통보는 너무 적진 깊이 들어가 역공을 초래하고 수세에 몰리게 되었고, 결국 철수하지 않을 수 없었다.

정치적 화해의 주체는 정부다. 그러나 3자일치 프레임에 갇힌 정부는 자신의 독자적 역할을 수행하지 못하는 결과를 초래했다. 피해자 중심주의를 구현한 '사법적 정의'가 초래한 '외교의 실종'은 행정부의 주요한 권능을 제한하는 것이며 이는 오히려 삼권분립을 부정하는 측면이 존재하여, 논리적으로는 대한민국의 국가 정체성을 위태롭게 하는 측면을 가지고 있다. 국가 정체성을 위태롭게 하는 피해자 중심주의와 사법적 정의는 절대적 원리가 될 수 없다.

 마침내 한일 화해 2.0 시대(98년체제)를 열었던 파트너십 선언의 철학적 기초인 책임론적 화해는 더 이상 기능하지 못하는 '역설적 상황'에 이르렀다. 책임론적 화해에 기반하여 출발한 98년체제에서 일본은 노력한 만큼 결과를 얻지 못했고, 한국은 기대한 만큼 성과를 얻지 못했다. 상호 신뢰로 시작된 한일 화해 2.0은 상호 실망으로 귀결되었다. 양국의 강경론자들이 주고받는 책임 공방을 보면 1.0 시대의 한일 간 거리보다 더 벌어져 버린 듯하다. 책임론적 화해는 수명을 다한 듯하다.

5장 회한이 남는 문희상 법안

와세다대학 특강

　2018년 7월 21대 국회 후반기 의장으로 취임한 문희상 국회의장은 한일의원연맹 회장을 역임한 지일파 의원으로서 한일 관계 개선을 위한 국회 차원의 의회 외교에 깊은 관심을 가졌다. 그는 이낙연 총리가 주도한 해법이 효과를 거두지 못하자 입법부 이니셔티브로 징용자 문제의 해법을 모색하고 있었다.

　2019년 11월 4일 도쿄에서 개최되는 G20 국회의장 회의에 참석할 예정인 문 의장에게 나는 와세다대학 특강을 제안했다. 입법부 이니셔티브 해법을 제시하기에는 안성맞춤의 장면이 될 것이라고 생각했다. 그보다 앞선 7월 와세다대학과 공동선언의 형식으로 제안한 한일공동위원회 설치안을 실행하기 위한 후속 행사를 모색하고 있던 나는 아사노 소장과 협의하여 문 의장 특강을 마련했다.

　특강 소식이 언론에 보도되자 양국에서 비상한 관심을 끌었다. 당시 블룸버그 통신과의 인터뷰로 문 의장에 대한 일본의 분위기는 험악했고, 일본에서 구상을 밝히게 되면 돌이킬 수 없으므로 방일해서는 안 된다는 고언을 많은 주변 지인으로부터 받고 있는 상황이었다. 그러나 문 의장은 예상되는 비난과 비판을 감수하면서도 관계 개선의 돌파구를 열어야 한다는 신념으로 방일을 결단했다.

일본을 방문 중인 문희상 국회의장이 2019년 11월 5일 도쿄 와세다대학에서 '진정한 신뢰: 창의적 해법으로 미래지향적 한일 관계 복원'이라는 제목으로 특강을 하고 있다.(국회)

11월 5일 「진정한 신뢰: 창의적 해법으로 미래지향적 한일 관계 복원」이라는 제목으로 행해진 특강에서 양국 의회와 정치인들은 정부 간 할 수 없는 일에 대해 창의적인 해법을 찾아야 하고, 한일 관계를 회복할 수 있는 새로운 제도를 마련하는 입법적 노력을 해야 한다고 제안했다. 나아가 창의적 해법을 찾기 위해선 발상의 전환이 필요하다고 말했다.

> 제안하는 법안은 한국 국민의 피해와 아픔을 한국이 선제적으로 풀어야 한다는 대전제에서 출발하겠습니다. 과거에 우리 국민이 겪었던 고통을 국가가 나서 치유하며 나가야 할 때가 되었고, 대한민국의 국력도 충분하다고 생각합니다. 마침 올해는 임시정부 수립 100주년이 되는 해이기도 합니다.

임시정부 수립 이후 한 세기가 지나 선진국에 진입한 한국이 상처받은 국민의 고통을 스스로 치유하기 위해 한국 국회가 선제적 입법을 하자고 제안했다. 문 의장의 이 주장은 한일 역사 문제를 바라보는 획기적인 발상의 전환이다. 나는 이 발상의 전환에 깊이 공감했고, 이 공감이 기초가 되어 이후 포용론적 화해론으로 나의 생각이 발전하게 된다.

이 강연에서 문 의장이 제시한 해법의 내용은 특별법을 제정하여 기금을 마련하고 피해자에게 위로금을 지불하자는 것이다. 기금의 출처는 한국과 일본의 책임 있는 기업(한국의 청구권 수혜 기업과 일본의 피고 기업)뿐만 아니라 그 외의 기업까지 포함하고, 양국 국민의 민간성금도 포함한다.

이를 실행하기 위해 빠른 시일 안에 한일 정상이 만나, 첫째, 65년 청구권 협정과 98년 파트너십 선언의 정신을 재확인하고, 둘째, 일본의 화이트 리스트 한국 배제와 한국의 지소미아 종료 조치를 원상 복구하며, 셋째, 강제징용 피해자 문제를 입법을 통해 근원적으로 해결한다는 대타결을 이루고 제2의 김대중-오부치 선언에 해당하는 문재인-아베 선언을 이루기를 희망했다.

문희상 법안의 「제안이유」

특별법을 제정하여 징용자 문제를 해결하자는 방안은 2017년 6월 이혜훈 의원 대표 발의 법률안, 2019년 9월 홍일표 의원 대표 발의 법률안 등이 있었다. 문 의장은 기존의 법률안을 종합적으로 검토하면서 자문 회의와 관련 단체들과의 면담을 거쳐 와세다 구상을 법률화했다.

2019년 12월 18일 문 의장은 「기억·화해·미래재단법안」(이하, 문희상 법안)을 대표 발의했다. 이 법안의 「제안이유」에는 이 법안이 성립하게 된 사법적, 정치적, 철학적 맥락이 기술되어 있다. 법안 조문에는 담을 수 없는 이러한 맥락을 전제로 하여 법안 조문이 성립되었기에 이러한 맥락을 이해하지 못하거나 맥락의 내용 자체를 부정하는 사람들은 법안을 오해하거나 비난하게 된다.

첫째, 대법원 판결의 정신을 존중하는 사법적 맥락이다.

대법원은 "한반도에 대한 불법적인 식민 지배 및 침략 전쟁의 수행과 직결된 일본 기업의 반인도적인 불법 행위를 전제로 하는 강제동원 피해자의 위자료 청구권은 한일 청구권 협정의 적용 대상이 아니라고 판단하면서 일본 기업은 일제 강제동원 피해자인 원고에게 각 1억원씩 위자료를 지급하라고 판결하였"으나, 일본 측의 거부 행위로 판결 이행의 실효성이 담보되지 못한 상황이기에 입법 정책을 통해 구제 수단을 마련한다. 이 부분은 '반인도적 불법 행위'에 근거하여 판결한 대법원 판결의 정신을 존중하고 있음을 보여준다.

둘째, 한일 간의 갈등 상태를 종식시켜야 한다는 정치적 맥락이다.

"대법원 판결을 두고 한일 정부 간의 입장 차이가 촉발되면서 화이트 리스트 배제와 같은 경제적 제재, 군사정보보호협정 종료를 둘러싼 갈등 등 국가 간 대립 국면이 확장되고 있어 그 출발점에 있는 강제동원 피해자에 대한 위자료 배상 판결 사안에 대한 정치적 해법이 국가적으로 절실히 요청되고 있"다. 이 부분에서는 흡사 전쟁 상태를 방불케 하는 양국 간의 갈등 상태를 정치적으로 해결해야 한다는 입장을 확인할 수 있다.

셋째, 일본 정부의 책임 표명에 관한 철학적 맥락이다.

1998년 파트너십 선언 중에 명시되어 있는 "금세기의 한·일 양국 관계를 돌이켜보고, 일본이 과거 한때 식민지 지배로 인하여 한국 국민에게 다대한 손해와 고통을 안겨 주었다는 역사적 사실을 겸허히 받아들이면서, 이에 대하여 통절한 반성과 마음으로부터의 사죄를 하였다"라는 일본 정부의 반성과 사죄의 뜻을 재확인하면서 이를 토대로 이 법률안을 제안한다. 이 부분에서는 기존에 도의적 책임에 기반하여 일본 정부가 표명한 반성과 사죄를 다시 확인하면서 더 이상의 책임을 추궁하지 않겠다는 입장을 드러냈다. 다시 말해 일본의 법적 책임을 주장하는 입장과 일정한 선을 긋고 있다.

이상 세 가지 맥락을 기술한 후, 와세다 구상에서 밝힌 발상의 전환을 법안의「제안이유」에 명시한다.

> 특히 올해 2019년은 3·1운동 100주년, 대한민국 임시정부 수립 100주년이 되는 특별한 해로서 이제는 우리 국민이 과거에 겪었던 고통과 아픔을 우리 스스로 선제적으로 나서서 보듬고 치유할 시기가 되었음을 인식하면서 피해 당사국인 우리나라가 민간 영역에 기억·화해·미래재단을 설립하고 양국 기업 및 국민의 기부금으로 조성된 재원으로 국외 강제동원 피해자에 대한 위자료 지급 문제의 해법을 담은 선제적인 입법을 통해서 한일 양국이 갈등 현안에 대해 포괄적으로 협상하고 상호 양보·화해할 수 있는 명분을 제공함으로써 한일 관계를 미래지향적으로 승화시킬 수 있는 계기가 마련되기를 기대함.

「제안이유」에서 표명한 자국 책임과 치유, 선제적 입법, 화해한 양국의 미래라는 새로운 발상에 공감하느냐 여부가 문희상 법안에 대한 평가의 본질적 부분이 될 것이다.

법안의 주요 내용과 의미

이제 법안의 주요 내용을 살펴보자.

첫째, '기억·화해·미래재단'을 설립하여 국외 강제동원 피해자에 대한 위자료 지급, 추도·위령 사업, 강제동원 피해에 대한 조사·연구 등을 수행한다.

이 법안은 국익론을 표방하지 않았다. 어디까지나 치유론에 기반한 법안이다. 피해자의 상처를 치유하고 후속 사업을 통해 미래 세대를 교육하고 재발을 방지하기 위한 법안이다. 물론 실용주의적 외교론자인 문 의장이 국익을 염두에 두지 않았을 리가 없다. 그는 치유 없는 국익이 아니라, 치유를 통해 진정한 국익을 추구하고자 했다.

둘째, '위자료'는 국외 강제동원 기간 중에 있었던 반인도적인 불법행위로 인한 정신적 피해에 상응하는 금전이다.

「제안이유」에서 기술했던대로 대법원 판결의 정신을 존중하고 있음을 보여준다.

셋째, 재단이 설치하는 기억·화해·미래기금은 우리나라와 일본의 기업·개인 등의 '자발적 기부금'으로 재원을 조성한다.

이낙연 총리가 주도했던 1+1+α(한국 정부)가 일본 기업의 참여를 강제적으로 구속하는 성격을 갖고 있고, 이런 측면을 청구권 협정과 충돌한다고 보는 일본 정부는 이낙연 총리안을 거부했다. 이 법안이 기금 참여의 자발성을 명시한 이유는 국제법 준수를 요청하는 일본의 입장을 반영하여 일본과 협조하여 실행 가능한 방안을 만들기 위한 것이다.

한편 이러한 기금 방식은 국민 기금이라는 방식을 사용한 아시아여성기금의 한국판 징용자 버전이라고 할 수 있다. 아시아여성기금의 주도자였던 오누마 교수가 치유와 화해를 지향하는 국민 기금에 부여했던 의미를 생각해 볼 때, 지금 이 방식을 징용자 문제에 적용하는 것은 일본과 합의하여 실행할 수 있는 방식인 것이다.

넷째, 재단이 위자료를 지급하면 이는 제3자 임의변제로서 해당 피해자의 승낙을 받아 재단이 채권자 대위권을 취득한 것으로 간주한다.

대위변제의 법리를 적용하여 대법원 판결을 이행하고자 했다. 뒤에서 서술할 윤석열 정부의 제3자 변제안은 문희상 법안에서 사용한 대위변제와 법리적으로는 동일하지만 방안이 담고 있는 내용은 큰 차이가 있다.

다섯째, 해당 위자료를 지급받은 피해자는 확정 판결에 따른 강제집행 청구권 또는 재판 청구권을 포기한 것으로 간주한다.

이는 청구권 협정을 인정하고 그 위에 청구권 협정에서 다뤄지지 못한 부분을 보완하는 차원에서 개인 청구권 문제를 해결한다는 것이다. 요컨대 한국이 주도하여 재단을 설립하고 한국과 일본의 기업과 개인으로부터 기부금을 모집하여 피해자에게 위로금을 지급함으로써 1965년 청구권 협정에서 다뤄지지 않고 봉합된 개인 청구권을 소멸시킨다는 내용이다.

이상과 같은 내용을 담고 있는 문희상 법안은 세 가지의 의미를 갖고 있다.

첫째, 자기 성찰에서 나오는 인식의 변화다. 지난날 나라를 빼앗기고 국민을 고통에 빠뜨렸던 역사에 대한 국가의 책임을 인정하는 한편, 오늘날 높아진 국가 위상에 맞게 강제동원 피해자 문제를 한국이 주도적으로 해결한다는 점이다.

둘째, 역대 정부의 방침을 계승하는 단계론적 접근이다. 65년의 청구권 협정과 98년의 파트너십 선언을 인정하고, 그 위에 다음 단계의 화해를 모색한다는 점이다.

셋째, 새로운 화해의 틀에 기반한 창의적인 해법을 제안한다. 가해자의 사죄→피해자의 용서→화해의 성립이라는 기존의 책임론적 화해의 틀을 넘어선다. 98년 파트너십 선언에 담겨진 도의적 책임에 기반한 사죄의 재확인 이외에 또 다른 가해자의 '진정한' 사죄 없이 양국 간의 화해에 이르는 방식이다.

이러한 새로운 화해는 일본을 무조건 용서하여 '면죄부'를 주자는 것이 아니다. 또한 일본의 최소 책임을 인정하고 수용하는 것도 아니다. 한국이 원하는 일본의 최대 책임에 접근하기 위해 필요한 정치적 화해 과정을 복원하여 책임 추궁의 악순환에서 벗어나 미래를 개척하는 담대한 도전이다.

법안에 대한 긍정적 반응

문희상 국회의장실은 법안 발의에 앞서 12월 11~13일 「기억·화해·미래재단법안」에 대해 일반 국민과 전문가를 대상으로 여론조사를 실시했다. 주요 내용은 다음과 같다.

첫째, 현재 한일 관계에 대해서는 일반 국민과 전문가 모두 과반수 이상이 한일 관계 개선이 필요하다고 답변했다. 일반 국민 61.6%, 전문가의 72.6%는 현재 한일 관계에 대해 갈등 상태를 계속 방치하면 양국에 득보다 실이 많으므로 개선이 필요하다고 답했다.

둘째, 피해자 중심 위주로 준비된 「기억·화해·미래재단법안」에 대해 일반 국민 68.6%, 전문가 64.2%가 찬성했다. 특히 일반 국민의 경우, 찬성 의견(68.6%)이 반대 의견(19.5%)보다 세 배 이상 많았다.

셋째, 양국 기업 및 국민 기부금으로 위자료 재원을 마련하는 방안에 대해 일반 국민은 찬성하는 반면 전문가는 찬반이 팽팽하다. 일반 국민 53.5%가 위자료 재원 마련 방안에 찬성했고, 반대는 42.1%, '잘 모르겠다'는 4.4%로, 찬성 의견이 반대 의견을 앞섰다. 전문가는 찬반이 각각 44.5%, 49.1%, '잘 모르겠다'는 6.4%로 반대 의견이 오차 범위 내에서 조금 더 높게 나타났다.

넷째, 일반 국민·전문가 모두 기억·화해·미래재단 설립을 통해 기금을 모금할 경우 참여 의향이 불참 의향보다 더 많은 것으로 나타났다. 일반 국민의 54.3%, 전문가의 44.3%가 기금 모금 시 참여할 것이라고 답변했다.

이상의 여론조사를 통해서 일반 국민과 전문가가 이 법안을 긍정적으로 보고 있음을 확인할 수 있다. 이와는 별도로 59개 일제 강제동원 피해자 단체의 견해를 조사한 결과, 일제 강제동원 피해자 지원재단에 등록된 총 59개 피해자 단체 중 찬성 53, 반대 4, 답변 유보가 2였다. 대다수의 피해자 단체가 법안에 찬성했다.

일본 쪽 반응도 긍정적이었다. 주요 정치가들과 사전 교감을 통해 수용 가능하다는 것을 확인했다. 가와무라 일한의원연맹 간사장은 "1965년 한일 청구권 협정에 반하지 않는다며 해결 가능한 안이다"라고 도쿄신문 취재에 답했다고 한다. 나아가 그는 연말에 개최가 조정 중인 한일 정상회담을 염두로 그때까지 법안이 성립하면 좋겠다고 기대감을 표했다고 한다. 가와무라 간사장으로부터 문희상 법안의 동향에 관한 보고를 받은 아베 총리는 "제대로 한일 간의 약속을 지킨 것이라면 진행해도 좋다"고 말했다. 사사에 켄이치로 일본국제문제연구소 이사장은 "한일 기업이 자발적으로 한다면 수용 불가능하지 않다"는 견해를 밝혔다. 일본 언론도 기대감을 나타내고 있었다.

초원리주의자의 반발에 포획된 문재인 정부

한편, 문희상 법안에 대해 한국 정부는 "정부와 조율된 것이 아니다. 다만 정부 입장과 상당히 겹치는 부분이 있다"는 반응을 보였다. 나아가 문 의장의 제안은 양국 관계를 만족시킬 수는 있지만, 대법원 판결과 거리가 멀고 피해자들의 동의도 구하지 못한 상태이고, "일본과의 합의 가능성이 높은 방식일수록 국내적으로는 그만큼 수용하기 어려워진다는 것이 딜레마다"라고 반응했다. 정부 관계자는 "문희상 의장안은 일본 쪽의 책임을 묻지 않는 등 대법원 판결과 어긋나는 면이 있다. 정부에서는 진지하게 검토되는 안은 아니다"라고 말했다.

이런 정부의 반응은 피해자 지원단체의 비판과 반발이 있었기 때문이다. 2019년 11월 27일 강제동원공동행동, 정의기억연대, 민족문제연구소 등 강제징용 및 일본군 위안부 피해자 측 시민단체들은 국회 앞에서 기자회견을 갖고 문 의장이 제시한 법안에 반대한다는 입장을 분명히 밝혔다.

강제동원 피해자 소송 대리인 임재성 변호사는 이날 기자회견에서 "한국 정부가 재단을 만들어 한일 국민과 기업이 자발적으로 성금을 모으는 방안은 일본의 법적 책임을 인정하는 게 아니다"라며, "전혀 연관 없는 쪽을 끌어들이면서 일본 책임이 모호해지고 여러 과거사 피해자가 청산되는 게 이 안의 핵심"이라고 비판했다. 임 변호사는 이어 "유족들은 가해자가 역사적 사실을 인정하고 피해자에게 사과해야 한다고 요구하지만 문 의장 안에는 이런 내용이 없다"고 지적했다.

2015년 말 피해자들이 배제된 채 이뤄진 한일 위안부 합의와 유사하다는 지적도 나왔다. 이나영 정의기억연대(정의연) 이사장은 "피해자 의사를 배제한 채 이뤄진 한일 합의가 또다시 반복되려 한다"며 "일본 책임을 면탈하려 한다"고 말했다.

나아가 이들 단체는 "일본 정부는 일본군 위안부 문제, 강제동원 문제의 법적 책임 이행하라"는 요구 사항을 외쳤다. 이들의 주장을 통해 한국 정부는 문희상 법안이 "피해자들의 동의를 구하지 못한 상태"라고 인식하고 있었다.

문희상 법안에 대한 지원단체 비판의 핵심은 '피해자인 한국 기업과 국민이 돈을 내서 왜 사죄도 하지 않는 일본 기업의 책임을 면해주느냐'는 점이다. 정의를 부정하는 그런 법안을 피해자는 결코 수용할 수 없고, 가해자의 법적 책임을 묻고 배상을 받겠다는 입장이다. 이것은 피해자 중심주의를 견지하는 입장에서의 비판이다. 이러한 비판은 위안부 합의를 무력화시킨 원리주의적 원칙과 판박이다. 그들은 위안부 문제와 징용자 문제는 다른 차원의 문제임에도 불구하고 위안부 문제의 연장선에서 징용자 문제를 대하고 있었다. 그들은 원리주의적 입장에서 아무런 대안 없는 전쟁의 지속을 요구하고 있었다.

여기서 주의 깊게 살펴보아야 할 점은 그들의 원리주의가 이 지점에서 진영조차 초월하여 대안 없이 전쟁의 지속을 아랑곳하지 않을 정도로 경직해버렸다는 사실이다. 원래 여당인 민주당과 문재인 정부는 피해자 지원단체의 지지를 받고 있는 공동체였다. 이 지점에 이르러 민주당 소속의 국회의장 제안을 가차 없이 부정하는 양상으로 전개된 원리주의를 나는 '초원리주의(ultra fundamentalism)'라고 부른다.

이런 상황이라면 최고 지도자는 자기 진영 내에서 발생하는 균열을 막고 나아가 국가 전체의 미래를 위해서 적절한 조치를 취했어야 했다. 그러나 문재인 대통령은 아무 행위를 하지 않았다. 그는 무위(無爲)와 부작위(不作爲)로 일관했다. 그런 그는 초원리주의에 포획되어 결단의 순간을 놓쳐버린 무책임한 인물이었다. 국민보다 반보 앞서야 한다는 김대중 정신으로부터 멀어진 문재인 청와대와 민주당은 더 이상 김대중 정신을 운운할 자격이 없다.

역사 화해는 정치 지도자의 결단을 통해 이루어지는 정치적 행위다. 비록 입법부가 주도한다고 해도 결국은 행정부가 실행해야 한다. 문희상 법안이 발의된 이후 지도자가 결단을 내리지 못하는 사이에 이 안은 20대 국회에서 본회의에 상정되지 못하고 2020년 6월 자동으로 폐기되었다. 너무도 한스럽다.

여기서 잠시 초원리주의를 추구하는 사람들이 드러낸 민낯을 확인한다.

2020년 4월 21대 총선이 치러졌다. 여당인 민주당의 압도적 승리였다. 그러나 국회가 개원하기도 전에 충격적인 사건이 발생한다.

정의연 윤미향 이사장이 비례대표로 국회의원이 되자 위안부 피해자를 상징하는 이용수 할머니가 2020년 5월 5일에 1차, 25일에 2차로 기자회견을 하여 윤미향 의원의 비리를 폭로했다. 30여 년에 걸쳐 정대협에서 정의연으로 이어지는 위안부 활동의 도덕성이 한순간에 무너지는 순간이었다.

이 회견으로 위안부 운동을 이끌어왔던 지원단체가 정치화된 이해집단으로 변질되어 상처 치유와 인권 회복이라는 위안부 운동의 본질적 사명에서 일탈하여 그 민낯이 드러나고 말았다. 일본을 배제하고 한국 정부를 배제하고 다수의 위안부를 배제하고 굳건히 쌓아올린 성역의 위상이 무너졌다.

자기 진영조차 초월하는 지점에 이른 초원리주의가 이제는 자신의 기반이자 자신의 동지조차 부정하기에 이르렀다. 이용수는 기자회견을 통해 자신이 절대 지존으로 군림하려고 했을지 모르지만 그 행위는 결국 자기 부정이었다. 이제 위안부 운동에서 남은 것은 물신화한 원리만 남았다. 그것은 위안부 운동의 종언을 의미했다.

'포용론적 화해론'이라는 개념을 만들다

문희상 법안을 만드는 데 관여한 나는 법안 발의 이틀 후인 2019년 12월 20일 김종배의 시선집중에 출연하여 법안에 대해 국민을 향해 설명했다. 이어서 이용수 할머니의 두 번째 기자회견이 있었던 2020년 5월 25일 한일비전포럼 17차 모임에 참석하여 문희상 법안을 발제하고 전문가들과 집중적으로 논의를 했다. 나는 그 자리에서 "문희상안은 '가해자의 사죄→피해자의 용서→화해의 성립'이라는 기존 틀을 벗어나 피해자가 선도해 화해를 끌어낸다는 데 의미가 있다. 피해자들이 간절히 요구해온 배상 문제를 실질적으로 해결하자는 것이다. 지도자의 결단만 있다면 여야 공동 발의로 협치의 길을 열 수 있다"고 말하고, 이 법안이 "한국의 국격에 맞는 '새로운 화해 프레임'이며 '창의적인 모험'이"라고 의미를 부여했다. 여기서 내가 말한 '새로운 화해 프레임'이 두 달 후에 '포용론적 화해론'이라는 개념으로 구체화된다.

2020년 7월 25일 "코로나 위기와 한일 관계"라는 주제로 한일 화상회의가 열렸다.(대화문화아카데미)

코로나 팬데믹이 한창 지속하던 2020년 7월 25일 "코로나 위기와 한일 관계"라는 주제로 한일 화상회의가 열렸다. 대화문화아카데미 이삼열 이사장과 동아시아평화회의 이부영 운영위원장이 공동 주최하여 한국과 일본의 시민사회 원로들과 지식인들을 모아 징용자 문제 해법을 논하는 대화의 장을 마련했다. 지정 토론자로 참여한 나는 「한일 관계 3.0 시대를 향하여: '책임론적 화해'에서 '포용론적 화해'로」라는 제목의 토론문을 작성하면서 그때까지의 한일 역사 문제에 대한 나의 생각을 정리했다. 2015년 한일 역사 문제에 관심을 두기 시작한 이후 공부하고 행동해가면서 5년만에 나의 기본적인 관점이 정립되었다. 포용론적 화해론이 그것이다. 이날 처음으로 '포용론적 화해'라는 개념을 사용했고, 그와 짝을 이루는 개념인 '책임론적 화해' 개념을 사용하여 시기 구분을 시도했다. 마지막으로 포용론적 화해에 기반한 문희상 법안이 21대 국회에서 가결된다면 3.0 시대를 여는 계기가 될 것이라는 기대감을 표현했다.

포용의 정치

문희상 법안이 좌초한 이후 문재인 정부는 원리주의에 포획된 상태에서 일본을 향해 논의의 장으로 나오라고 지속적으로 메시지를 전달하고 있었다. 일단 대화의 장에 나와서 논의를 통해 해법을 모색하자는 것이다. 한편 일본의 입장은 견고했다. 한국이 먼저 일본이 수용할 만한 해결책을 제시해야만 논의의 장에 나가겠다고 했다. 이 대립은 본질적 충돌이고 전쟁의 지속을 의미한다. 주객이 전도되고 공수가 역전된 상황에서 한국의 입장이 변하지 않으면, 중단된 한일 화해의 과정이 재개될 전망은 낮아 보였다.

그렇다면 이제 '사죄와 용서의 정치'를 재검토함으로써 '책임론적 화해'를 뛰어넘어 정치적 화해 과정을 복원시킬 방향을 모색할 필요가 있었다. 이를 위한 철학적 토대는 어디에서 찾을 수 있을까? 국민의 동의를 얻지 못하는 화해 시도는 실행되기 어렵다는 점을 고려한다면, 어떻게 국민 감정을 변화시킬 수 있는지가 이론적인 과제라고 할 수 있다.

우선 '사죄와 용서의 정치'가 교환적 용서 개념에 기초하고 있으므로, 이 개념을 수정하는 것을 대안으로 생각해 볼 수 있다. '무조건적 용서' 개념을 수용하는 것이다. 역사적 부정의의 피해자들이 가해자들을 무조건적으로 용서하는 결단을 통해서만 화해를 통해 새로운 '우리'의 창출이 가능하다는 시각이다. 계보학적으로 보면 교환적 용서나 무조건적 용서 모두 유대-기독교 전통에서 파생된 개념이라고 할 수 있다. 이러한 종교적 전통이 부재한 동아시아 사회에서 무조건적 용서 개념이 받아들여지기는 어렵다.

다른 대안은 '용서의 정치'를 '포용의 정치(politics of embrace)'로 전환하는 것이다. 용서가 어렵다면 용서하지 않고 포용하자는 것이다. 우리는 잘못을 저지른 사람을 완전히 용서하지 않고도 포용할 수 있다. 잘못을 저지른 사람을 나와 다른 존재가 아니라 나와 비슷한 취약성을 지닌 존재로 바라보고, 그러한 잘못을 저지른 것에 안타까운 마음을 갖기 때문이다. 그래서 잘못을 저지른 사람에게 죄를 묻되, 너무 가혹하게 대하지 않고 다시 품어줄 수 있는 것이다. 다음과 같은 세 가지 내용으로 '포용의 정치'를 구체화해 볼 수 있다.

첫째, 관계의 회복을 위한 공동의 책임이다. 상대를 포용한다는 것은 관계 회복을 위한 나의 책임을 수용한다는 뜻이다. 이를 위해서는 처벌적 욕구에서 벗어나 상대를 변화시키기 위해 내가 먼저 한발 다가가서 존중하는 태도로 상대의 목소리를 듣는 것이 필요하다. 민족주의적 분노나 증오와 같은 감정에 휩싸여 적대적으로 반응하는 것이 아니라, 상호 작용을 통해 형성된 시민적 우정을 바탕으로 신뢰를 보여주는 것이다. 오랫동안 관계를 가져왔던 상대에게 지속적으로 분노하기란 힘든 일이다. 과거사를 둘러싼 인식적 차이에도 불구하고 한일 화해 1.0과 2.0을 거치며, 50년 넘게 다양한 측면에서 협력을 발전시켜 왔음을 기억해야 한다.

둘째, 피해자와 가해자 모두의 치유에 대한 관심이다. 일차적으로 피해자가 명예를 회복하고, 역사적 부정의로 인한 손상을 치유할 수 있도록 물질적·제도적 지원을 하는 것이 필요하다. 가해자가 처벌받고 배상하는 것만으로 피해자가 치유되는 것은 아니므로 공동체 구성원이 피해자에 관심을 갖고 돌보는 것이 중요하다. 특히 가해자가 존재하지 않거나 불명확할 경우, 공동체가 나서서 피해자를 구제하기 위한 조치를 취함으로써 가해자에 대한 복수심과 트라우마 속에서 살아가지 않도록 도와야 한다. 이와 함께 가해자와 가해자가 속한 공동체 구성원이 지닌 상처와 수치심에도 관심을 가져야 한다. 이들이 과거의 잘못으로 인해 지속적으로 비난과 낙인 속에서 살아가지 않도록 하고, 자신의 잘못을 대면함으로써 성숙해질 수 있도록 따뜻한 아량을 보여주는 것이다. 물론 아량을 베푼다고 해서 꼭 가해자가 잘못을 인정하는 태도를 보이는 것은 아니다. 하지만 포용하려는 의지가 없다면, 정의를 실현하고 치유에 이르는 것도 불가능하다.

셋째, 진실의 규명과 공식적 기억을 통한 과거사의 교정이다. 사법적 심판을 통해 가해자를 처벌하는 것보다 진실을 철저하게 규명하고 이를 공식적으로 기록하는 것을 통해 과거사를 바로잡는 것이다. 남아프리카공화국의 진실화해위원회는 과오를 인정한 사람들에게는 보상으로 사면을 제공하는 방식을 취했다. 잘못을 인정하더라도 존중과 신뢰를 받을 수 있는 조건이 될 때, 과거의 진실을 숨김없이 드러낼 수 있다는 생각에서다. 과거에 대한 진실을 강조함으로써 올바름에 대한 존중을 만들어내는 한편, 사면을 통해 새로운 관계가 시작될 수 있는 가능성을 열어 준 것이다. '기억의 정치'에서 중요한 것은 단순히 가해자의 잔혹함을 드러내고 기억하는 것이 아니다. 이는 심리적 외상만 안겨줄 뿐이다. 그러한 행위조차도 인간성의 일부임을 인정하고, 그러한 행위가 다시 반복되지 않도록 노력할 때 미래를 향한 기억을 만들어낼 수 있다. 이렇게 될 때 피해자는 과거의 피해자로만 남지 않고, 미래의 구성원으로 참여하게 된다.

역사 전쟁은 '사죄와 용서의 정치'에 기초한 책임론적 화해 모델의 한계를 드러낸 것으로도 해석할 수 있다. 정대협(정의연)은 국내외적으로 과거사 문제를 현재화·대중화시키는 데 큰 역할을 했다. 그러나 법적 책임을 고수함으로써 더 이상 화해가 작동하기 어려운 상황을 초래했다. 이제는 '포용의 정치'를 통해 중단된 화해 과정을 복원시키고, 피해자와 가해자 모두의 치유를 통해 보다 깊어진 관계(한일 화해 3.0)로 나아가야 할 시점에 와 있다. 문희상 법안은 이런 취지를 함의하고 있는 해법이었다.

98년 파트너십 선언을 넘어서

나는 문희상 법안이 등장했다 좌초하는 과정에서 관계 개선을 위한 구체적인 정책 제안보다 철학적 토대에 관심을 갖고 이론 무장에 매진했다. 이때 가장 관건이 됐던 것은 1998년 파트너십 선언을 어떻게 평가할 것인가였다.

2020년 8월 28일 아베 총리가 퇴진을 발표하고 9월 16일 스가가 신임 총리로 선출되자, 일본 지식인들은 9월 18일 아베 정책의 전환을 요구하는 성명서를 발표했다. 「이제 한일 관계 개선을(いまこそ日韓關係の改善を)」이라는 제목의 성명서로 총 110명이 동참했다.

성명서는 일본 정부가 한국의 대법원 판결에 대하여 국제법 위반이라고 말하면서 한국에게 1965년에 체결한 한일 조약(및 청구권 협정)을 준수할 것을 고집하는 것으로는 악화된 한일 문제를 해결할 수 없다고 보고, 이 대립을 해결하는 관건을 1998년의 한일 파트너십 선언 안에서 찾아야 한다는 점을 강조하고 있다.

나아가 2018년의 대법원 판결을 법치 국가인 한국 정부가 부정할 수는 없다는 점을 전제로 하고, 일본 정부는 민사소송에 개입하지 않는다는 원칙을 확인한 다음, 한일 파트너십 선언의 정신에 입각하여 기한을 두지 않고 성실하게 역사를 직시하고, 겸허히 피해자 및 피해자 지원단체와 대화를 통해 풀어 나갈 수밖에 없다는 점을 강조하면서, 독일에서 이루어진 해결 방안을 참조하여 피고 기업 등을 중심으로 자금을 출연하여 재단을 설립해 피해자에게 보상을 하는 방안을 제시하고 있다.

그리고 성명서의 마지막에서는 한반도, 일본 열도와 류큐 열도에서 살아가는 모든 사람들은 한 운명으로 이어진 관계에 있기 때문에 일본인은 조선을 식민지 지배한 과거를 반성하는 것이 영원한 과제이며, 일본과 한반도에 사는 사람들은 상생하고, 상부상조하고, 성실하고 겸허히 양보할 수 있는 것은 양보하며, 서로 신뢰하고, 서로 존경하고, 서로 협력하는 관계를 구축해 나가자고 호소하고 있다.

한일 관계가 파국적 상황에 이른 시점에서 이러한 일본 지식인의 성명서 발표가 무의미하다는 것은 아니지만, 그 성명서가 98년 파트너십 선언의 정신에 입각하고 있다는 점에 주목할 필요가 있다. 나는 책임론적 화해에 기반하여 2.0 시대(98년체제)를 열었던 한일 파트너십 선언은 이제 시대적 사명을 다하여 지금의 엄중한 상황을 타개하기 어렵다는 점을 앞에서 서술한 2020년 7월 25일의 회의에서 피력했다. 이제 또 다른 새로운 시대를 향하여, 좁혀지지 않는 자신의 일방적 주장을 반복하는 책임론적 화해를 넘어서는 철학적 기초를 모색해야 한다.

포용론적 화해론은 2020년 10월 12일 프레시안 기사 「한일 관계 3.0시대, '포용론적 화해'가 필요하다」를 거쳐 두 개의 학술 논문으로 이어지며 견고해졌다. 「한일 역사 화해의 전개 과정: '책임론적 화해'에서 '포용론적 화해'로」(『일본사상』39, 2020.12.)와 「'책임론적 화해'를 넘어서: '한일 화해 3.0'을 위한 철학적 토대」(『일본사상』41, 2021.12. 공저)다. 지금 서술하는 이 책은 이 두 개의 논문의 내용을 토대로 한 것이다.

무책임한 문재인 정부

2020년 8월 28일 한일 관계 악화의 한 축을 담당하고 있던 아베 총리가 지병으로 인하여 돌연 사임을 발표했다. 9월 16일 아베 정부에서 관방장관을 수행하던 스가 요시히데가 총리로 선출되었다. 이제 한국 정부는 출구를 마련할 지점에 이르렀다. 스가 총리 또한 취임 후 아베 전 총리의 노선을 계승할 것임을 분명히 했지만, 정치적 이념에 경직된 입장을 취했던 아베와는 달리 실용적 현실주의의 면모를 갖고 있어 한일 관계의 개선에 나설 것이라는 희망이 담긴 전문가의 예측이 언론을 통해 나오기도 했다.

실제로 10월 18일 문희상 법안에 대해 긍정적인 평가를 했던 일한의원연맹 일본 측 간사장 가와무라 다케오가 방한하여 앞으로 문희상 법안이 어떻게 될 지를 타진해보기도 하고, 10월 29일에는 다키자키 시게키 외무성 국장이 방한하여 한일 관계의 현안에 대한 의견을 교환하기도 했다.

그러나 가와무라 간사장이 문희상 법안을 타진했을 때 한일의원연맹 김진표 회장은 이에 대해 "한일 관계가 악화된 현재로선 협력 관계를 기반으로 하는 '문희상 법안'이 해법이 될 수 없고 법안이 통과될 가능성도 거의 없다"며 부정적인 입장을 피력한 것으로 전해졌다. 김진표 회장은 문희상 법안을 공동 발의한 의원으로 문희상 법안 자체를 부정하지 않는다. 단지 문재인 청와대의 입장이 불변하기 때문에 '현재로선'이라는 단서를 붙여 실현 가능성을 부정했던 것이다.

이어서 11월 8일 박지원 국정원장이 방일하여 스가 총리에게 98년 파트너십 선언을 연상케 하는 문-스가 선언으로 현상을 타개하자고 제안했고, 11월 13일에는 김진표 한일의원연맹 회장이 연맹 소속 국회의원들과 함께 방일하여 일본의 주요 인물들과 협의하고, 스가 총리를 면담하는 자리에서 일단 대법원 판결에 따른 압류 자산의 현금화를 동결하고, 도쿄올림픽을 계기로 교류 협력을 강화하고, 양국 간 신뢰를 증진시키고 국민 감정을 완화시켜 문-스가 선언을 위한 여건을 조성하자고 제안했다.

이러한 관계 개선의 움직임의 배후에는 2020년에 예정된 한중일 삼국 정상회담에 스가의 참석을 이끌어내기 위한 계산이 깔려 있었다. 일단 스가가 방한하여 한일 정상회담을 통해 문제 해결의 실마리를 모색하자는 것이 한국 측의 의도다. 그러나 이러한 한국의 제안에 대해 한일 관계 개선에 원칙적으로 동의한다는 스가의 입에서 나오는 말은 한결같다. 방한의 조건으로 '한국이 먼저 대법원 판결에 대한 해법을 제시하라'는 것이다. 그는 아베 노선을 그대로 추종하고 있었다.

박지원 의원과 김진표 회장이 문-스가 선언을 언급하고 있었지만, 선언의 내용이 무엇인지에 대한 입장을 갖고 있지 않았다. 충돌하는 징용자 문제의 해법을 회피한 채 피상적인 관계 개선을 요구하고 있을 뿐이었다. 문재인 대통령의 입장이 변하지 않는 상태에서 그들이 할 수 있는 일은 매우 제한적일 수밖에 없었다.

2021년 1월 18일 문재인 대통령이 신년 기자회견을 했다. 문 대통령은 위안부 문제에 관해서는, "(이번 1월 8일의 위안부 배상 판결은) 솔직히 조금 곤혹스러운 것이 사실입니다", "한국 정부는 그 합의(2015년 위안부 합의)가 양국 정부 간의 공식적인 합의였다는 사실을 인정합니다"라고 말하고, 징용자 문제에 관해서는, "강제 집행의 방식으로 그것(일본 기업의 자산)이 현금화된다든지, 판결이 실현되는 방식은 한일 양국 간의 관계에 있어서 바람직하다고 생각하지 않습니다"라고 말했다. 이런 발언은 취임 이후 지속해왔던 방침에서 벗어난 것이었다.

역사 갈등에서 벗어나기 위한 출구를 모색하는 듯한 발언이다. 그러나 문제는 그토록 격심한 전쟁을 치렀던 입장에 왜 변화가 생겼는지에 대한 아무런 설명이 없다. 이보다 더 심각한 문제는 위안부 문제나 징용자 문제는 변화된 입장에 따라 외교적 협의를 통해 해법을 찾아야 한다고 하면서, 그 해법은 위안부 할머니들이나 징용자 원고들이 동의할 수 있어야 한다는 점을 강조하고 있다는 것이다. 피해자가 동의하는 해법을 찾아야 한다는 것은 방안이 없다는 것을 자인하는 것이나 마찬가지였다. 신년 기자회견은 무책임의 극치를 보여줬던 것이다. 출구 모색조차 불가능할 정도로 무책임한 상태에서 문 대통령의 임기가 다 되어가고 있었다.

2021년 10월 15일 기시다 신임 총리와의 통화에서 문재인 대통령은 위안부 문제와 관련해 "피해자 분들이 납득하면서도 외교 관계에 지장을 초래하지 않는 해결책을 모색하는 것이 무엇보다 중요하다"고 밝혔다. 그러나 법적 책임을 인정하고 사죄와 배상을 하라는 것이 피해자의 입장이라면, 그것을 인정하지 않는 일본 정부와 상대하여 미래지향적인 해결책을 모색하는 것은 요원하다.

그렇다면 역사 전쟁을 종식시킬 해법은 무엇인가? 그것은 문희상 법안이었다. 대통령 선거가 한창 진행 중이던 2022년 1월 한일의원연맹 김진표 회장이 민주당의 이재명 후보가 당선되었을 때 인수위에서 바로 추진하기 위해 '문희상 법안 플러스'를 준비했다. 그러나 3월 9일 선거에서 국민의힘 윤석열 후보가 당선되었다. 문희상 법안 플러스도 빛을 보지 못했다.

2부

일본을 포용하다

6장 포용론적 화해론을 제시하다 • 94
7장 민관협의회가 열리다 • 108
8장 이어지는 교착 상태 • 130
9장 공개 토론회의 아우성 • 151
10장 윤석열의 포용적 결단 • 168

6장 포용론적 화해론을 제시하다

첫 번째 칼럼을 발신하다

2022년 3월 9일 대통령 선거가 치러졌다. 박빙의 차이로 정권 교체가 이루어졌다. 윤석열 당선인은 국정 운영의 목표와 과제를 도출하기 위해 대통령직인수위원회를 구성했다. 외교안보분과위원회에서는 한일 관계 분야의 국정 과제를 설정했다.

> 한일 간 셔틀외교 복원을 통한 신뢰 회복과 현안 해결 등을 토대로 공동의 이익과 가치에 부합하는 한일 미래협력관계를 구축한다. 과거를 직시하면서 한일 관계 미래상을 포괄적으로 제시한 김대중-오부치 선언의 정신을 발전적으로 계승하고, 양국 미래세대 간 열린 교류도 확대한다.

여기서 인수위가 지적한 현안이란 다름 아닌 징용자 문제다. 비록 문희상 법안 플러스는 빛을 보지 못했지만, 선거 과정을 유심히 지켜본 나는 한일 관계 개선을 주장해온 윤석열 당선인에게 기대를 걸고 있었다.

선거 한 달 전쯤 나는 중앙일보 연재 칼럼(한반도평화워치)에서 한일 현안을 다뤄줄 것을 제안받았다. 이미 두 편의 논문 작성을 통해 가다듬은 이론을 바탕으로 일반 대중을 향해 한일 관계 개선을 위한 나의 견해를 발신할 기회를 얻었다. 인수위원을 포함한 정책결정자가 읽고 생각하고 실행해주기를 바랐다.

4월 5일 포용론적 화해론을 제시하는 첫 번째 칼럼을 발신했다.

한일 역사 갈등, 책임론적 화해 넘어 포용론적 화해로

실타래처럼 엉킨 한일 역사 문제를 해결하고 파국 일보 직전에 도달했던 한일 관계의 개선을 모색할 시점이다. 20대 대통령으로 당선된 윤석열 당선인은 기시다 후미오 총리와 전화 통화를 하고 한일 관계 개선을 위해 서로 협력하기로 뜻을 모았다. 미래를 향해 희망적인 덕담을 나눈 두 사람이지만 문제는 엉킨 실타래를 어디서부터 어떻게 풀 것인가이다.

기시다 총리는 한국 대법원의 강제징용 판결로 악화한 한일 관계를 개선하기 위해서는 한국 측이 선제적인 해법을 제시하라는 일본 정부의 기존 입장을 견지하고 있다. 그렇다면 모처럼 뜻을 모은 양국 간 협력이 실행으로 옮겨지기 위해서 문재인 정부와는 다른 접근이 필요하다.

나는 윤석열 정부가 한국의 높아진 국격에 걸맞은 선제적 해법을 과감하게 제시하여 꽉 막힌 물꼬를 트고, 향후 한일 역사 문제 해결 과정에서 한국이 주도권을 확보하기를 기대한다. '포용론적 화해'는 그 해법의 철학적 토대가 될 것이다.

지금까지 한일 과거사를 둘러싼 화해의 모색은 '책임론적 화해'에 근거하여 이루어져왔다. 가해자의 사죄와 피해자의 용서를 핵심 내용으로 하는 책임론적 화해는 2차 대전 이후 유럽 국가 간의 화해를 위한 이론으로서 결정적 역할을 했다. 유럽에서는 이 방식을 통해 실제적 효과를 가져왔고, 유럽연합(EU)의 탄생과 더불어 이제는 유럽에서 과거사 문제로 인한 심각한 갈등은 찾아보기 어렵게 되었다.

한편 1991년 위안부 피해자 김학순 할머니의 증언을 계기로 동아시아 지역에서도 역사 문제가 현안으로 부상했다. 유럽에 비해 역사 화해가 상당히 지체된 시점이었던 만큼 이 문제를 설명하고 해결하는 데 책임론적 화해론이 사용되었다. '일본의 사죄와 한국의 용서'를 통한 화해의 모색이 활발히 진행되어, 1993년 고노 담화, 95년 무라야마 담화를 거쳐 마침내 98년 김대중-오부치 파트너십 선언으로 이어졌다.

그러나 김대중 대통령의 낙관적 전망은 교과서 왜곡, 영토 문제, 야스쿠니 신사 참배, 위안부 문제 등의 장애물에 부딪혔고 이후 역사 화해가 진전되기는커녕 오히려 퇴행과 역행을 거듭하면서 마침내 2018년 10월 강제징용 대법원 판결을 계기로 한일 관계는 최악의 상황에 빠져버렸다. 이제 책임론적 화해론은 그 기능과 수명을 다한 듯하다.

원래 책임론적 화해론은 서구의 기독교 문화를 배경으로 하는 종교적 화해와 밀접한 관련이 있다. 신과 인간 사이의 관계에 기반을 둔 기독교적 화해는 자신의 죄에 대한 죄인의 깨달음, 죄의 고백과 회개, 용서받기, 그리고 죄인의 시정 노력의 순서로 이루어진다. 유럽의 국가 간 화해는 이러한 개인 차원에서의 화해 순서를 국가 간에 적용하여 가해국 독일이 피해국에 대해 사죄와 보상을 함으로써 화해가 이루어졌다.

유럽과는 달리 에도 시대로부터 메이지, 그리고 제국주의 시대를 거쳐 현재에 이르는 일본의 문화적 기반은 기독교적 세계관이나 가치관과는 거리가 한참 멀다. 그들에게 책임론적 화해론에 근거한 '진정한' 사죄를 요구한다고 해도 납득할 만한 응답을 기대하기 어려웠다. 비록 책임론적 화해론이 도덕적 측면에서 정당성을 가질지라도 현실의 정치 영역에서 실질적 효과를 가져오지 못한다면 새로운 화해론을 모색할 필요가 있다. 나는 한일 관계의 개선과 역사 화해를 위한 철학적 토대로서 기존의 책임론적 화해론과는 근본적으로 다른 포용론적 화해론을 제시한다.

오늘날 대한민국은 경제·군사력에서 세계 10대 선진 강국의 대열에 올라섰다. 문화의 힘은 그보다 훨씬 눈부시게 분출하고 있다. 한국의 국격은 청구권 협정이 체결되었던 1965년이나, 파트너십 선언을 단행했던 98년과는 현격히 다르다. 이제 우리는 스스로에 대해 긍지를 가지고 국제사회에서 높아진 국격에 걸맞은 사고와 행위를 해야 한다. 피해자의 입장에서 가해자의 무한 책임(피해자가 원하는 만큼의 책임)을 집요하게 추궁하기보다는, 가해자의 입장·견해·주장을 듣고 이해하며 그들의 상처와 아픔조차도 함께 치유해가는 포용적 관점으로 사고를 전환할 필요가 있다. 이것은 결코 가해자가 사죄하지 않으니 무조건 용서하자는 논리가 아니다. 포용은 사죄와 용서의 프레임에서 벗어난 화해의 방식이다.

책임을 추궁하는 주체에서 상대를 포용하는 주체로 자기의 정체성을 전환하기 위해서는 무엇보다 지금까지의 자신의 모습에 대한 진지한 성찰이 요구된다. 달리 표현하자면 책임론적 화해론에 근거하여 일본을 상대해왔던 우리의 모습을 객관적으로 바라볼 필요가 있다. 이를 위해 책임론적 화해의 논리 구조를 좀 더 자세히 들여다보자.

가해자와 피해자 개념은 매우 모호하다. 피해자 개념에는 피해 당사자, 피해자 지원단체, 피해 국민, 피해국 등 결을 달리하는 여러 층위가 있다. 게다가 피해 시점과 화해의 시점이 상당히 멀어져 피해의 상속이란 문제가 추가되면 더욱 복잡해진다. 한일 역사 문제의 본질을 정확히 포착하기 위해 피해자 대신에 여러 층위를 포괄하는 의미로서 '피해자 쪽'이라는 개념을 사용하여 논리 구조를 정리해보자.

과거 어느 시점에서 '가해 당사자'의 부정의한 행위로 인해 '피해 당사자'의 분노가 발생했다. 이 문제를 해결하기 위해 '가해자 쪽'이 사죄와 보상을 하고 '피해 당사자'가 용서함으로써 분노를 소멸시키고 정의를 회복한다. 이후 '피해자 쪽'과 '가해자 쪽'은 함께 과거를 기억하고 추모하며 미래를 향한 교육에 매진한다.

90년대 이후 진행된 화해의 과정에서 가해자 쪽의 노력을 통해 '피해 당사자의 분노'(본원적 분노)는 해소될 기회가 있었고, 해소된 부분도 있다. 그러나 피해 당사자에 대한 화해의 과정이 진행되면서 오히려 '피해자 쪽의 분노'(파생적 분노)가 커지는 역설적 현상이 발생했다. 가해자 쪽의 노력이 미진하다는 생각과 그 노력의 진정성에 대한 불신이 가해자 쪽의 책임을 더욱 추궁하게 되고(반일), 이러한 피해자 쪽의 동향이 가해자 쪽의 반발을 불러와(혐한), 이는 또다시 피해자 쪽의 분노를 증폭시키는 현상을 낳게 되었다. 이렇듯 분노를 증폭시키는 반일과 혐한의 악순환이 거듭되는 과정에서 파생적 분노가 본원적 분노를 압도하는 상황이 되어버렸다.

파생적 분노를 증폭시키는 데는 민족주의, 국민 정서, 친일파 몰이(토착왜구론) 등 다양한 요인이 작용했다. 파생적 분노를 정치적 동원의 수단으로 활용하는 저급한 정치, 책임 추궁을 통해 사적 이익을 추구하는 교조적 집단, 파생적 분노를 조장하는 무책임한 언론, 친일파 몰이에 휩싸이기를 꺼리는 방관적 지식인이 빚어내는 오해와 편견, 무지와 억지, 비겁과 침묵을 자양분으로 하여 파생적 분노는 눈덩이처럼 커져버렸다.

나는 현시점의 역사 문제는 본원의 문제가 아닌 파생의 문제라고 본다. 본원의 문제에 대해서는 한일 간에 이미 많은 부분을 해결했고, 앞으로 남은 문제를 해결해야 한다는 데 이견이 없다. 오히려 파생의 문제가 본원 문제의 해결을 저해하고 있고 그에 따르는 손실은 너무 크고 아프다.

파생적 문제의 책임을 오로지 가해자 측에 전가할 수 있겠는가? 피해 당사자에 대한 사죄와 보상으로 피해자 측의 파생적 분노를 해소할 수 있겠는가? 나는 파생적 분노는 책임론적 화해로는 해소할 수 없다고 본다. 이것이 분명하다면 역사 화해의 철학적 토대를 포용론적 화해로 전환하자. 그리고 일방적 책임 추궁에서 벗어나 높아진 국격에 걸맞게 상대를 포용하는 주체로 자기의 정체성을 정립하자. 포용론적 화해라는 새로운 철학으로 무장하고 파생적 분노를 일시적으로 유보하자. 그리고 한국이 해법을 제시하라는 일본의 입장을 이해하고, 그들의 요청을 수용하여 징용자 문제에 대한 선제적 해법을 제시하자. 2019년 12월 문희상 국회의장을 대표로 하여 14명의 여야 의원이 공동 발의했다가 회기 종료로 자동 폐지된 '문희상 법안'을 다시 추진하는 것은 좋은 방안이 될 것이다.

5월 10일 탄생하는 윤석열 정부 앞에는 국내외 난제가 산적해 있다. 험로를 개척하며 미래로 전진하기 위해 모든 사람이 요구하는 바가 통합과 협치다. 그러나 절반으로 갈라진 국민의 마음과 현격히 비대칭적인 여소야대 상황에서 통합과 협치가 실현될지 많은 국민이 불안감과 의구심을 갖고 지켜보고 있다.

현역 국회의원 154명이 소속된 한일의원연맹은 초당적 협의체인 만큼 진영 논리와 정당의 이해관계를 떠나 국익을 위한 판단과 행동을 할 수 있다. 다수의 여야 의원이 뜻을 모아 문희상 법안을 수정하여 통과시키길 기대한다. 윤석열 정부의 통합과 협치를 가늠하는 시금석이 될 것이다.

2020년과 2021년 학술지에 실은 논문에서 나는 책임론적 화해론에 기반하여 시도한 한일 역사 화해가 오히려 한일 관계를 악화시켜 파탄의 지경에 이른 '역설적 현상'을 지적하고, 그로부터 벗어나기 위한 대안 철학으로 포용론적 화해론을 제시했었다. 이 칼럼에서는 한 걸음 더 나아가 반일과 혐한의 악순환을 분석적으로 설명하기 위해 '본원적 분노'와 '파생적 분노'라는 개념을 사용했다. 쌍 개념을 가지고 근년에 벌어진 역사 갈등을 보면서 지금의 한일 간 '역사 문제는 파생의 문제다'라는 제2 명제를 확인했다. 따라서 파생적 분노는 책임론적 화해로 해소할 수 없기에 역사 화해의 철학적 토대를 포용론적 화해로 전환하고, 이 철학에 근거하여 징용자 문제에 대한 선제적 해법을 제시해야 한다는 것이 이 칼럼의 핵심 논지다. 나는 문재인 정부에서 좌절된 문희상 법안을 신정부 출범에 즈음하여 여야 합의를 통해 수정 통과시킬 것을 주장하며 칼럼을 마무리했다.

2022년 4월 5일 중앙일보 연재 칼럼(한반도평화워치)에 실린 첫 번째 칼럼에서 포용론적 화해론을 제시했다. (박홍규)

국익론 대 치유론

인수위 활동이 진행되는 중인 4월 24일 국민의힘 정진석 의원을 단장으로 일본에 정책협의단을 파견했다. 그는 한일 관계를 개선하고자 하는 당선인의 강한 의사를 담은 친서를 기시다 총리에게 전달하고 많은 정·관계 인사를 만나고 돌아왔다. 5월 10일 취임식에 참석한 하야시 외상은 기시다 총리의 친서를 전했다. 다음날 일한의원연맹 임원단이 축하 사절로 방한했다. 관계 개선을 향한 움직임이 가시화되고 국민들의 기대감이 커지고 있었다.

5월 24일 민주당에서는 문희상 법안 플러스를 준비했었던 김진표 한일의원연맹 회장을 21대 국회 후반부 국회의장 후보로 선출했다. 김진표 회장을 이어서 한일 정책협의단을 이끌고 방일했던 정진석 의원이 연맹 회장직을 맡을 것으로 예상되고 있었다. 김진표 회장 때부터 연맹 자문위원으로 활동해온 나는 문희상 법안을 성사시킬 절호의 기회가 찾아왔다고 생각했다.

한편, 나는 신정부 출범을 전후하여 한일 관계 개선을 위해 움직이던 행위자들의 의식과 논리를 우려스러운 눈으로 보고 있었다. 그들은 거의 모두 국익론에 기반해 관계 개선을 말했다. 미중 패권 경쟁의 가속화와 우크라이나 전쟁이 가져온 국제정세의 변화 속에서 외교·안보·경제의 측면에서 국가 이익을 위해 한일 관계를 개선해야 한다고 하나같이 말했다. 그러나 나는 국익론에 기반한 한일 관계 개선 논의가 갖고 있는 문제점에 우려를 품고 있었다.

6월 7일 두 번째 칼럼에서 국익론의 한계를 보완할 논리로 '포용론적 치유론'을 부각시켰다.

위기의 한일, 보수가 진보 포용하며 국익 넓혀가야

수렁에 빠진 한일 관계 수레바퀴가 돌아가기 시작했다. 지난 4월 24일 한일 정책협의단 정진석 단장이 관계 개선을 희망하는 윤석열 대통령 당선인의 친서를 지니고 방일했다. 양국 현안을 신속히 해결하자는 기시다 총리의 화답이 지난 10일 대통령 취임식에 참석한 하야시 외상을 통해 전달됐다. 다음 날엔 축하 사절로 방한한 일한의원연맹 임원단이 김진표 회장 등 한일의원연맹 임원단과 합동 간담회를 열어 양국 의회 차원의 협력 방안을 논의했다.

이러한 정치인들의 동향은 언론을 통해 자세히 전해졌다. 양국 정치인들의 말의 핵심은 한결같다. 자국의 이익이다. 나아가 그들은 양국의 공동 이익을 위해 관계 개선이 절실하다고 주장한다. 정치인들의 말에 생기를 불어넣은 것은 논문이나 칼럼을 통해 발표되는 정책 담론이다. 거기에는 한결같은 패턴이 있다. 한일 관계를 파국 직전까지 몰고 간 문재인 정부의 실정을 비판하고 국익론에 근거한 관계 개선을 주문한다.

미중 패권 경쟁이 심화하고 북한의 핵·미사일 위협이 증대되는 상황에서 발생한 러시아의 우크라이나 침공은 국익론에 근거한 한일 관계 개선 주장에 이의를 제기하기 어렵게 했다. 어느덧 국제정치 질서가 신냉전 시대로 돌입했다는 현실주의적 시각이 우세를 점하면서 냉혹한 정글 속에서 생존하고 번영하기 위해 국익 기반의 외교와 안보를 추구해야 한다는 주장이 국민 마음에 설득력 있게 다가온다. 그러나 국익론에 이끌려 움직이기 시작한 수레바퀴의 앞길이 순탄하지 않을 것 같다. 이 우려와 물음에 대한 답을 얻기 위해 한일 관계의 접근법을 살펴볼 필요가 있다.

한일 관계를 보는 데는 두 가지 접근법이 있다. 하나는 정치·경제 접근법으로 외교와 안보, 경제를 중심으로 한일 관계를 본다. 다른 하나는 인문·사회 접근법으로 역사 문제와 가치 규범을 포함해 시민 사회와 문화 교류의 관점에서 접근한다. 국익론은 전자를 대표하는 이론이자 신념이다. 이에 반해 후자에 해당하는 것 중의 하나로 치유론을 들 수 있다.

박정희 대통령의 결단으로 이루어진 1965년 청구권 협정에 따른 한일 국교정상화가 국익론의 원형이라면, 1998년에 공표된 김대중-오부치 파트너십 선언은 치유론의 전형이다. 이후 보수·진보 정권 교체가 진행되면서 국익론과 치유론은 선명히 대립하게 된다.

2015년 박근혜 정부의 위안부 합의는 아시아를 중시하는 오바마 행정부의 압박적 중재에 따라 국익론에 근거하여 성사됐다. 그러나 이 합의는 한국정신대문제대책협의회(정대협) 등 치유론자들의 반발과 일본 우익 세력의 뜻을 반영한 아베 총리의 협량한 대응으로 합의에 따른 후속 조치를 추진할 동력을 잃게 되고, 마침내 박근혜 대통령의 탄핵 이후 치유론자들의 지지를 받고 출범한 문재인 정부에서 적폐로 청산되고 만다. 이어 2018년 대법원의 강제징용 판결이 나오자 치유론자의 주장에 포획된 문재인 정부는 일본 정부와 극심한 대립을 하게 되고, 그 결과 정치·경제·외교·안보 면에서 한국의 국익은 큰 손상을 입게 되었다.

지난 3월 또다시 보수 대 진보의 총력전으로 대선이 치러졌다. 정권을 탈환한 보수는 국익론의 기치 아래 한일 관계 개선을 향해 적극적 행보를 시작했고 기시다 정부도 이에 호응했다. 극한 상황으로 치달았던 한일 관계가 개선되리라는 기대와 희망이 싹트고 있다. 여기서 나는 윤석열 정부가 한일 관계의 개선을 위해 박근혜 정부의 국익론으로 회귀한다면 겨우 움직이기 시작한 수레바퀴가 다시 수렁에 빠지지 않을까 염려한다. 0.73%포인트 차이로 갈라진 국민의 마음을 국익론으로 모을 수 있겠는가? 국익론으로 치유론자를 설득할 수 있겠는가? 쉽지 않을 것으로 예상한다. 생각보다 국익론과 치유론의 갈등은 심각하기 때문이다.

원래 국익론은 강대국 중심의 국제질서 속에서 개별 국가가 취해야 할 행동 원칙이다. 기본적으로 강자에게는 지배의 논리로, 약자에게는 생존의 논리로, 중간자에게는 연대의 논리로 작용한다. 한국의 국익론자들은 미국 중심의 국제질서를 전제로 하여, 한미동맹을 기축으로 한미일 삼각 협조체제를 구축하는 것이 한국의 국익에 부합한다고 주장한다. 따라서 역사 문제로 인해 악화한 한일 관계의 신속한 복원을 시도한다. 그러나 이러한 접근은 피해자의 치유와는 상당한 거리가 있다. 오히려 치유를 유보·제한하는 요인으로 작용할 수 있다.

현재 한국은 사회·경제적으로 불평등이 심화되어 있고, 공공선에 대한 합의가 부족하며, 국가 정체성조차 확고하게 정립되지 못한 상태에서 보수와 진보 진영이 첨예하게 대립하고 있다. 이런 상황에서 보수 정부가 국익론으로 경사된다면 진보 진영으로부터 기득권 옹호론, 나아가 강자의 지배 이데올로기라는 부정적 평가를 초래할 우려가 있다. 따라서 국익론의 강조와 회귀는 능사가 아니다. 여전히 한일 관계는 국제정치와 외교에서의 일반론이 적용되기 어려운 특수한 측면이 존재한다. 국익론은 한일 관계의 제일 원칙이 될 수 없다.

그렇다면 한일 관계를 개선하기 위해 어떻게 접근해야 하는가? 분명한 것은 인문·사회 접근법에 해당하는 치유론을 경시해서는 안 된다는 점이다. 김대중 정부에서 문재인 정부로 이어지면서 한일 관계의 기축이 되었던 치유론의 의미와 그 한계를 성찰하고 대안적 치유론을 모색해야 할 것이다.

원래 파트너십 선언에 담긴 치유론의 논리 구조는 피해자의 상처에 대해 가해자가 사죄와 보상을 통해 책임을 지고, 피해자는 가해자를 용서함으로써 상처를 치유한다는 것이다. 이러한 책임론적 치유론에 입각해 피해 당사자에 대한 치유가 진행되어 상당한 효과가 나타났다. 그러나 시간이 감에 따라 가해자가 져야 할 책임의 성격, 사죄의 진정성, 보상의 적절성에 대한 양국의 인식차로 인해 오히려 상처가 덧나는 역설적 현상이 발생했다. 한국이 주장하는 치유론에 일본이 호응하지 않고 오히려 반발하고 역공하는 일이 벌어졌다. 이로 인해 과거 피해 당사자의 본원적 상처보다 현재 일반 국민의 파생적 상처가 더 커져 버렸다.

분명히 치유론은 국제적 차원의 탈냉전과 한국의 민주화 과정과 궤를 같이하며 인권과 정의라는 보편적 가치를 증대시키고 국제 규범을 고양하는 데 지대한 공헌을 했다. 피해 당사자와 그들을 지원한 시민단체의 헌신적 노력이 한국사와 세계사의 진보에 미친 역할에 경의를 표한다. 그러나 그들이 품고 있는 높은 이상과 숭고한 이념이 온전히 실현되기에는 현실의 제약이 크다. 오히려 그들의 주장이 현실에서 국익을 손상하는 결과를 낳기도 했다.

그럼에도 보편적 가치는 실현 여부와 무관하게 그 자체로 존재 의의를 갖고 있다. 따라서 국익 손상이라는 결과에 초점을 맞춰서 진보적 가치를 무시하거나 경시하고 보수적 신념으로 전환하는 것은 능사가 아니다. 보수는 진보적 가치를 자신의 것으로 전유해서 그걸 가지고 진보 진영과 소통해야 한다. 나는 책임론적 치유론의 대안으로 포용론적 치유론을 제시한다.

현시점에서 역사 문제의 초점은 본원의 문제가 아닌 파생의 문제다. 다시 말해 피해 당사자의 상처보다 반일과 혐한으로 양 국민의 감정에 새겨진 파생적 상처다. 이 상처는 어느 일방의 책임과 다른 일방의 치유로 종결될 수 없다. 역사 화해를 향한 책임을 공유하며 함께 치유해 가는 과정이 필요하다. 상호 치유가 진행됨에 따라 비로소 남겨진 본원적 상처를 치유하는 길도 열릴 것이다. 관건은 상대를 포용하는 선제적 조치가 필요하다는 점이다.

이제 한일 관계를 개선할 시점은 무르익었다. 핵심 사안은 강제징용 문제다. 일본은 한국에 해법을 제시하라고 요청하고 있다. 포용론적 치유론으로 무장하고 한국이 선제적 조치를 단행하자. 아마도 가해자 일본의 선제 조치가 먼저라고 생각하는 책임론적 치유론자들과 그들의 생각에 공감하는 많은 국민이 반발할 것이다. 그것은 피할 수 없다. 윤석열 정부가 한일 관계를 개선하겠다고 나선 이상, 역사 문제를 둘러싸고 진보 진영과의 소통의 순간에 직면할 것이다. 그 순간에 국익론을 전면에 내세워서는 안 될 것이다. 또 국익을 위한다는 명분 아래 연출된 사죄로 국민의 마음을 현혹해서도 안 될 것이다. 책임론적 치유론의 성과를 인정하고, 그 한계를 설명하며, 포용론적 치유론에 입각해 역사 화해를 진전시키겠다고 진심을 담아 설득해야 한다.

이때 소통의 순간을 통과하느냐의 여부는 이번에 강화된 시민사회수석실의 역할에 달려 있다. 포용론적 치유론으로 소통의 순간을 무사히 통과했을 때 국익론이 작동할 수 있는 기반이 조성돼, 그 기반 위에 한일 관계 수레바퀴가 힘차게 굴러갈 것이다.

한일 역사 문제를 바라보는 두 가지 접근법이 있다. 하나는 국익론이고 다른 하나는 치유론이다. 박정희 시대의 한일 국교정상화에 국익론이 반영되었다면, 김대중 시대의 우호적 한일 관계 증진에는 치유론이 작용했다. 이후 보수·진보 정권 교체가 진행되면서 국익론과 치유론은 선명히 대립하게 되고, 문재인 정부에 이르러 그 대립이 극에 달했다. 국익론에 기울어진 윤석열 정부에서도 대립이 완화되지 않고 있었다.

한국 내에서 국익론자와 치유론자의 대립·갈등이 한일 문제에 결정적인 영향을 미쳤다. 국익론에 근거하여 성사된 박근혜 정부의 위안부 합의는 치유론자의 지지를 받는 문재인 정부에서 부정된 것이 전형적인 사례다.

이로부터 '한일 문제는 국내 문제다'라는 제1 명제를 확인하게 된다. 이 명제가 의미하는 바는 한국 내의 갈등이 일본과 관련된 역사 문제에 결정적인 영향을 미친다는 점이다. 국익론과 치유론의 갈등이 심각한 상황에서 국익론만으로 국민의 마음을 모으기는 어렵고, 치유론자를 설득하여 동의를 구하지 않고 국익론만으로 한일 문제에 임하는 것은 기대한 성과를 얻기 어렵다. 장기간 대립·갈등의 시기를 보낸 한일 양국이 이제 막 관계 개선의 시발점에 섰을 때 치유론을 부정·경시하고 오로지 국익론에 근거하여 관계 개선을 시도하는 것은 바람직하지 않다. 따라서 국익론을 전제로 하면서도 치유론을 병행해야 한다.

이 칼럼에서 이론적 진전은 치유론을 구분했다는 점이다. 기존의 책임론적 치유론이 상처를 치유하기는커녕 오히려 상처를 악화시키고 말았다는 점에 주목하여 앞으로 포용론적 치유론으로 전환하여 한일 관계 개선에 임해야 한다고 주장했다. 구체적으로는 문희상 법안임은 말할 필요도 없다. 이러한 포용론적 치유론에 기반하여 문희상 법안을 선제적으로 단행하는 것에 책임론적 치유론자들의 예상되는 반발에 대해서는 설명하고 설득하며 진행해야 한다.

7장 민관협의회가 열리다

대위변제안

　박진 외교부 장관을 정점으로 하는 외교부는 인수위에서 설정한 국정의 목표와 과제를 수행하기 위해 구체적인 방안을 구상하고 준비했다. 특히 위안부 합의 때의 전철을 다시 밟지 않기 위해 신중을 기했다. 무엇보다 중요한 점은 피해자 측과 면밀히 소통을 하면서 투명하게 일을 진행하는 것이었다. 피해자 측과 대화하고 설명하고 설득하는 과정에 세심한 주의를 기울였다.

　정부 출범 후 두 달이 다가올 무렵인 2022년 7월 4일 마침내 징용자 문제의 해법을 논의하기 위해 '민관협의회'(이하, 협의회)가 개최되었다. 윤석열 정부가 출범 두 달 만에 협의회까지 가동하며 논의를 서두른 것은 이르면 그해 가을 한국 내 일본 기업 자산의 현금화 절차가 시작될 수 있기 때문이다. 대법원이 2018년 일본 기업이 강제징용 피해자들에게 손해배상을 해야 한다고 판결했지만 일본 기업이 이행하지 않자, 피해자들은 한국 내 일본 기업 자산을 현금화하는 강제 매각 절차를 진행해 왔다. 일본은 이를 절대 받아들일 수 없다며 기업 자산 현금화가 사실상 한일 관계의 '레드라인(금지선)'이란 입장을 내비쳤다. 그해 가을에 강제 집행을 시작하기 위한 대법원의 최종 결정이 내려질 수 있다는 전망이 나오고 있었다.

　민간에서 강제징용 피해자 지원단체, 피해자 측 법률 대리인, 학계 전문가, 언론인, 전직 관료, 경제계 인사 등 12명으로 구성된 협의회에 나는 학계의 일원으로 참석했다. 협의회는 국내외의 지대한 관심을 모았는데, 그중에서도 피해자 측 참석자들에게 관심이 집중되었다.

1차 회의는 탐색전이었다. 회의를 주재한 조현동 외교부 차관은 이 회의가 열린 공간임을 강조했다. 즉 그 어떤 결론도 정해진 것 없이 논의를 진행해가며 의견을 모아 합리적인 방안을 도출해갈 것이라고 밝혔다. 이어서 참석자들은 각자의 소감과 의견을 말했다. 현금화를 해도 판결 금액에 미치지 못해 해결책이 되지 못한다는 피해자 측 참가자의 발언이 인상에 남았다. 피해자 측도 현금화가 아닌 다른 방식을 원하고 있음을 확인했다. 다수의 참가자가 어떤 식으로든 일본의 사죄 표현이 필요하다는 입장을 밝혔다. 나는 분명하게 나의 의사를 표명했다. 징용자 문제의 해법으로 문희상안을 주장해온 만큼 앞으로 협의회에서도 해법의 하나로 문희상안을 제시하겠다고 말했다. 회의 이후 언론의 관심은 피해자 대리인에게 쏠렸다. 그들은 기자 설명회를 통해 자신들의 입장을 공개했다.

강제징용 피해자 소송 대리인들이 2022년 7월 4일 강제징용 문제 해법 모색을 위한 민관협의회에 참석하기에 앞서 서울 도렴동 외교부 청사 앞에서 입장을 밝히는 기자회견을 하고 있다.(연합뉴스)

열흘만인 7월 14일 2차 회의가 열렸다. 하루 전에 피해자 지원단체 중 강경파에 속하는 미쓰비시 근로정신대 소송 지원단체(일제강제동원시민모임)는 협의회에 참여하지 않기로 최종 결정했다. 14일 회의 당일 제공된 보도자료를 통해 사죄와 배상을 요구한다는 양금덕 할머니와 김성주 할머니의 뜻을 전하면서, 그들은 현금화를 막기 위해 급조된 협의회에는 참여하지 않겠다는 입장을 밝혔다.

2차 회의에서의 핵심 의제는 대위변제였다. 대위변제란 '민법에서 채무자가 아닌 제3자가 채무를 변제했을 때, 채권자의 채권이 그 사람에게로 넘어가는 일이다.' 이 경우 변제한 사람은 채무자에게 상환을 요구할 수 있는 구상권을 갖게 된다. 이 법리를 징용자 문제에 적용하여 설명해보자. 채무자인 피고 기업이 판결을 이행하지 않아, 제3자에 해당하는 재단이 원고인 피해자에게 판결금을 변제하고 피고 기업에 대해 구상권을 갖게 되는 것이다.

이날 회의에서는 대위변제가 가능하기 위해서는 채권자의 동의가 필요한가에 대한 법률적 검토가 있었고, 피고 기업 이외에 일본 기업 단체인 경제단체연합회(약칭, 경단련)의 간접적인 기금 참여, 기금 운영의 주체로 기존 재단의 활용 등에 대한 구체적인 논의가 진행되었다.

이날의 하이라이트는 대위변제와 관련하여 '사죄(사과)'를 어떻게 할 것인가에 관한 논의였다. "기업의 유감 표명은 대위변제를 위한 최소 조건이다." "일본 정부와 기업 모두의 사죄가 필요하다." "일본 정부가 기존에 했던 사죄를 계승하는 방식도 있다." "기업의 직접적 사죄는 원론적인 얘기일 뿐 다른 방법을 찾아야 한다." "정부는 사죄를 안 할 것이니 기업의 사죄가 최선일 것이다." "사죄는 일본이 원하는 장소에서 일본이 원하는 방법으로 하면 어떤가." "추모 사업 등 미래지향적 사업으로 사죄를 대신하는 것은 어떤가." "문희상 법안의 「제안이유」에 기술되어 있는 파트너십 선언에서 표명한 사죄 표현을 사용하는 것도 방법일 것이다."

다양한 의견이 나왔지만 가장 중요한 것은 피해자 측의 입장이었다. 그들은 대위변제가 성립하기 위해서는 원고의 동의가 필요하고, 원고의 동의를 얻기 위한 최소 조건을 말했다. 나는 그 조건을 일본이 수용하기 어려울 것이라는 생각이 들었다. 그것은 일본이 지금까지 강경하게 유지해온 입장을 변경·포기해야 하는 것이기 때문이다.

이렇게 대위변제가 갖고 있는 문제점이 확연히 드러난 지점에서 예정된 시간이 지나 회의는 종료되었다. 피해자 측은 회의 직후 기자회견에서 그들이 제시한 조건을 공개했다. "타협안으로 대위변제가 논의된다면 최소한 그 대위변제의 기금을 만드는 데 피고 기업의 참여가 필수적이라는 의사를 전달했다." "강제동원 불법 행위에 대해 일본 정부와 기업 모두의 사과가 필요하지만, 일본 정부의 강경한 태도를 본다면 현실적으로 일본 기업이라도 사과를 반드시 해야 한다는 입장을 전달했다." 요컨대 피해자 측은 일본 정부·기업의 사죄 표명과 일본 기업의 기금 참여를 대위변제에 동의하기 위한 최소 조건으로 제시했다.

징용자 문제에서의 대위변제는 두 가지 방식이 있다. 하나는 세금식이고 다른 하나는 기금식이다. 세금식은 정부가 주체가 되어 국민의 세금으로 변제하는 것이다. 피해자 측이 제시한 최소 조건으로 보건대, 그들은 세금식을 반대하고 기금식은 조건을 갖춘다면 수용할 수 있다는 견해를 밝혔던 것이다. 이렇게 2차 회의에서 세금식 대위변제는 제외되었고, 이후 협의회에서 기금식 대위변제에 대해 본격적으로 논의를 진행하게 되었다.

기금식의 대표적인 방안은 문희상안이다. 2차 회의 중에 문희상안에 관한 얘기가 잠시 나왔다. "여당 국회의장이 발의했음에도 면죄부에 불과하다는 피해자 측의 한마디 반박에 좌초했다," "지금은 추동력을 상실하여 다시 발의되어도 야당이 반대할 것이다," "문희상안은 피해자의 의견을 청취하지 않았다" 등의 부정적인 견해가 나왔다. 이런 견해에 대해 나는 논쟁을 할 수 있었으나 이미 회의 시간이 많이 경과해서, 다음 3차 회의에서 본격적으로 문희상안을 검토안으로 제시할 생각을 하고 있었다.

2차 회의 이후 외교부는 적극적으로 움직였다. 7월 18~20일에 걸쳐 일본을 방문한 박진 장관은 18일 하야시 외상을 만나 민관협의회에서 나온 다양한 의견을 일본 측에 설명했다. 일본 측은 주로 경청했고, 적어도 양 장관은 강제징용 판결 관련 현금화가 이뤄지기 전에 강제징용 문제를 조속히 해결할 필요가 있다는 데 인식을 같이했다.

다음날 19일 기시다 총리를 예방한 박 장관은 총리에게 대법원 판결로 "일본 기업의 한국 내 자산 현금화가 이뤄지기 전에 바람직한 해결방안을 모색하겠다"며, "일본 측이 성의 있는 호응을 해주기를 기대한다"고 말했다. 20일 일본을 떠나기 전에 박 장관은 한국 언론사 특파원과의 간담회를 갖고, 총리를 비롯한 정계의 주요 관계자 등을 만나 강제동원 배상 문제와 관련한 한국 측의 입장을 전했고, "일본 측도 우리 정부의 노력에 성의 있게 호응할 것이라는 느낌을 받았다"고 설명했다. '성의 있는 호응'이란 피해자 측이 제시한 최소 조건에 대한 일본의 수용을 의미한다.

제2의 해방

정부가 구상하는 대위변제안에 대해 피해자 측이 조건을 제시하고, 그 조건을 충족시키기 위해 외교부가 일본을 설득하는 프로세스가 진행되는 와중에 광복절이 다가오고 있었다. 민관협의회에 참여하고 있던 나에게 그해의 광복절은 각별한 의미로 다가왔다. 8월 2일 세 번째 칼럼을 발신했다.

올 광복절에 일본 포용하는 역사 비전 제시하자

광복절이 다가온다. 나는 두려움과 기대감으로 그날을 맞이하고 있다. 늪에 빠진 한일 관계가 탈출의 길을 찾을 것이냐의 여부가 이날에 달려 있기 때문이다. 매년 그랬듯 어둠에서 벗어나 빛을 보게 된 그날의 기쁨을 경축하기 위해 곳곳에 태극기가 걸리고, 대통령의 경축사가 전해지고, 어둠의 날들을 기억하고 추모하는 행사가 이어질 것이다. 미디어는 반일(反日)과 극일(克日)의 국민적 정서를 담아내는 다양한 프로그램을 쏟아낼 것이다. 그러나 올해는 예년과는 다른 모습을 볼 수 있었으면 한다.

늪에 빠져들게 한 두 주역이 정치의 장에서 사라졌다. 문재인 전 대통령은 야인이 되었고 아베 전 총리는 고인이 되었다. 뒤를 이은 윤석열 대통령과 기시다 총리는 관계 개선의 의지를 분명히 밝히고 있다. 두 리더에게 거는 기대가 커졌다.

대통령의 뜻을 반영해 이윽고 한국이 움직였다. 지난 달 4일 징용자 문제의 해법을 모색하기 위해 민관협의회가 출범했고, 18~20일 박진 외교부 장관이 방일하여 대통령의 뜻과 한국 측의 동향을 설명하고 일본의 성의 있는 호응 조치를 요청했다. 그러나 고인의 유훈이 생생한 현시점에서 기시다 총리의 운신 폭은 그다지 넓지 않다. 그저 민관협의회의 추이를 포함한 한국의 동향을 지켜볼 뿐이다.

민관협의회는 지금까지 두 번 열렸다. 주요 논점은 거의 다 나왔다. 제3자가 피고인 일본 기업을 대신하여 원고인 피해자에게 판결 금액을 지불하는 대위변제가 유력한 해법인데, 피해자 측은 일본 정부·기업의 사죄 표명 및 일본 기업의 기금 참여를 대위변제에 동의하기 위한 최소 조건으로 제시하고 있다. 일본 측으로부터 이 조건에 호응한다는 '보증'을 얻지 못하면 민관협의회는 유의미한 결론을 도출하기는 어려울 것으로 보인다.

일본이 피해자의 동의를 얻는 데 필요한 호응을 보증하지 않는 이유는 두 가지다. 하나는 1965년 한일 청구권 협정에 대한 일본의 입장에 기인한다. 당시 사안으로 취급되지 않았던 위안부 문제와는 달리, 징용자 문제는 한국에 지불한 5억 달러로 종결되었고, 게다가 이후 한국 정부가 두 번에 걸쳐 국내 보상을 했으니 더 필요하면 한국 스스로 추가 보상을 하면 된다는 것이다.

다른 하나는 2015년 위안부 합의의 파행을 겪은 일본이 징용자 문제 해결을 위한 어떠한 합의도 위안부 합의의 전철을 밟을 수 있다고 우려하기 때문이다. 이번에 설령 사죄 표명과 기금 참여를 한다고 해도 한국 측이 또다시 판을 깨지 않는다는 보증을 얻을 수 없을 것으로 본다. 그렇다면 상호 보증의 협약이라도 하면 어떨까? 이 또한 한갓 어음 쪼가리에 불과할 것이다. 상호 불신의 뿌리가 존재하는 한 어떤 합의도 꽃을 피우지 못하는 법이다.

불신 관계에 있는 쌍방이 신뢰를 구축하는 길은 멀고 험하다. 어느 날

갑자기 서로 신뢰하자고 합의하거나 선언한다고 되는 게 아니다. 게다가 그런 합의와 선언이 무색해진 쓰라린 경험을 가진 쌍방이 다시 신뢰를 구축하는 것은 더더욱 힘든 일이다. 그래도 길은 있다. 신뢰의 재구축이 필요하다는 정치적 판단이 서면, 포용적이며 선제적인 신뢰 행위를 일관성 있게 지속하는 것이 가장 좋은 방법이다.

양국의 리더가 신뢰 재구축을 진심으로 원한다면 상대를 바라보고 호응을 요구하지 말고 각자 스스로 할 수 있는 신뢰 행위를 하면 된다. 그 과정에서 발생하는 자국 내 비판과 반발은 자신의 리더십으로 헤쳐 나가야 한다. 국민 정서에 기반하는 부정적 여론을 두려워한다면 한 발짝도 나아가지 못할 것이고, 설령 첫발을 내디뎠어도 여론의 압박을 견디지 못하면 무위로 끝날 것이다.

나아가 자신의 선제적 신뢰 행위에 대한 상대의 사후 호응 조치를 예단할 필요도 없다. 호응은 상대의 몫일 뿐이다. 한국이 선제적으로 대위변제를 실행했음에도 일본이 이에 호응하는 조처를 하지 않을 경우 일본이 치러야 할 비용은 적지 않다. 그 판단은 일본에 맡기면 된다. 단, 선제적 조치에 따르는 국내 부담을 감당하기 위해서는 리더의 철학과 원칙이 필요하다.

1949년 대한민국 정부는 일제의 식민 지배로부터 해방된 날을 국경일로 지정하면서 광복절(光復節)이라는 명칭을 부여했다. 빛을 되찾은 날이라는 의미다. 그러나 1945년의 그날은 빛을 회복해가는 길고도 지난한 여정을 시작한 날이었을 뿐이다. 따라서 매년 돌아오는 광복절에는 빛을 향한 여정에 동력을 조달하기 위해 다양한 의식과 행사가 치러졌다. 어둠의 시절에 대한 기억과 추모를 통해 반일과 극일의 민족 정서를 불러일으켰다. 그 성과는 대단했다.

오늘날 대한민국은 자타가 인정하는 글로벌 중추 국가로 도약했다.

미중 패권 경쟁의 한 축을 감당하고, 북대서양조약기구(나토) 정상회의에 참석할 정도로 위상이 높아졌다. 우리의 땀과 피와 눈물로 이뤄낸 위업이다. 우리 스스로 긍지를 갖고 찬사를 보내도 좋다. 아울러 우리를 도와준 미국을 비롯한 세계의 여러 국가에 감사의 뜻을 표하자. 일본의 식민 지배와는 별개로, 우리의 도약에 일본의 도움이 있었다는 사실을 인정하고 일본에도 감사의 마음을 전하자. 선뜻 그러지 못하는 이유는 우리 안에 똬리를 틀고 있는 정신적 트라우마 때문이다.

해방 이후 글로벌 중추 국가의 위상을 확보해 가는 과정에서 식민 지배의 유산을 청산하는 노력도 병행되었다. 그러나 우리는 일제 지배가 남긴 정신적 트라우마를 벗어나지 못했다. 여전히 1945년 이전의 일본과 이후의 일본을 동일시하며, 친일과 애국의 이분법에 사로잡혀, 우리 눈앞의 일본을 불신하고 적대시하는 정신 상황에 머물러 있다. 여기서 벗어났을 때 온전한 해방이 성취될 것이다. 그것을 우리는 지금 할 수 있고 해야 한다. 우리의 미래 세대에게 더는 짐을 남겨서는 안 된다.

이번 광복절 경축사에서 윤 대통령이 제2의 해방을 선포해주기 바란다. 일본을 포용하는 입장에서 역사 문제에 접근하겠다는 철학과 원칙을 선포해주기 바란다. 포용의 철학에 입각해서 대법원 판결의 '정신'을 구현하겠다고 선포해주기 바란다.

대법원 판결의 정신을 구현하는 길은 세 가지다. 첫째는 피해자의 상처를 우리 스스로 치유하는 것, 둘째는 국제법을 준수하는 절제의 미덕을 발휘하는 것, 셋째는 국제규범을 선도하는 진취적 역할을 수행하는 것이다. 이 세 가지는 우리 스스로 할 수 있는 일이고, 그 효과로 일본의 호응을 끌어낼 수 있으며, 그 결과 우리는 품격 있는 국가로 성숙할 것이다.

입법·사법·행정의 3권은 대한민국이라는 국가와 국민을 위해 존재한다. 지금 이 국면에서 행정부는 피해 국민과 소통하며 그들의 아픔을 치유하고, 입법부는 대위변제 방식을 통해 피해 국민의 바람을 성취하고, 사법부는 현금화 유예를 통해 피해 국민의 부담을 덜어주어야 한다. 이것이 진정한 피해자 중심주의이고, 국민 통합과 역사 화해의 길이라고 생각한다.

조선 건국 이후 태조 4년 경복궁이 창건되었다. 창건을 주도한 정도전이 건물과 문의 이름을 지으면서 남쪽 문을 정문(正門)이라 했다. 그 후 세종 8년 집현전에서 새로 지어 올린 광화문(光化門)이 오늘에 이른다. 세종과 그의 신하들은 무슨 뜻을 품고 광화라는 이름을 지었을까?

세종 8년 무렵은 중국에서의 원·명 교체와 맞물리며 전개되었던 여말선초의 전쟁과 혼란의 시기가 끝나고, 동아시아 지역에 평화의 시대가 도래한 때였다. 세종과 그의 신하는 앞으로 펼쳐갈 조선의 태평성대를 광화라고 이름하여 궁성의 남문에 드높이 걸었다.

유교의 정치철학이 담긴 『중용』에서 이상적인 정치가 실현되는 모습을 '천지화육(天地化育)'이라고 한다. 온 천하의 모든 만물이 각각의 특성에 따라 풍요롭게 생장하는 세상이다. 광화란 찬란한 화육의 세계를 의미한다.

세종대왕이 펼쳐 보인 빛나는 조선은 19세기에 이르러 어둠의 길로 접어들었다. 빛을 되찾기 위한 지난한 과정에서 분단·전쟁·독재가 있었고, 산업화와 민주화를 거쳐 이제 글로벌 중추 국가의 위상을 확보했다. 광복의 과업은 달성했다. 다시 어둠으로 퇴행할 까닭이 없다. 회복한 그 빛을 찬란히 밝혀 우리의 후세에게 전해주는 것이 광화의 과업이다.

며칠 후 8월 6일이면 광화문 광장이 새롭게 열린다. 올해 광복절에는 광복이라는 아픈 기억을 반추하면서 동시에 광화라는 환희의 미래를 지향하는 날이 되었으면 한다.

이 칼럼을 쓸 당시 나는 징용자 문제가 부각된 후 지금까지 일본의 주장으로 보건대, 한국이 원하는 일본의 성의 있는 호응을 기대하기 어렵다고 판단하고 있었다. 그렇다면 우리 스스로 대법원 판결의 정신을 구현하는 길을 모색해야 한다고 생각했다.

첫째는 피해자의 상처를 우리 스스로 치유하는 것이다.

가해자로부터 사죄와 배상을 받고 용서함으로써 피해자의 상처를 치유하겠다는 방식이 실현되기 어렵다면, 언제까지 그들의 손에 구원을 맡길 것인가? 차라리 우리의 힘으로 피해자의 상처를 치유하는 것이 더 빠르고 확실한 구원의 방식이 아니겠는가? 원래 구원은 남이 해주는 것이 아니라 스스로 얻는 것이라고 나는 생각한다. 한편으로는 상대에게 구원의 손길을 애타게 기대하며, 다른 한편으로는 구원할 생각이 없다는 상대를 증오하는 것은 어리석지 않은가? 그러느니 내 스스로 구원을 찾고 상대에게 구원의 손길을 내미는 것이 더 나은 길이 아닌가? 따라서 일본에게 피해자가 제시한 조건을 설명하고 호응을 설득하여, 호응은 있으면 좋고 없어도 그만이라는 입장을 취하는 것이 대법원 판결의 정신을 구현하는 길이라고 나는 생각했다. 이로부터 '상처는 스스로 치유한다'라는 제3 명제가 도출된다.

둘째는 국제법을 준수하는 절제의 미덕을 발휘하는 것이다. 1965년의 한일 조약이 비록 우리의 입장에선 불만스럽더라도, 한일 조약을 계기로 오늘의 대한민국이 존재하게 되었다면 그 조약을 인정하자. 물론 정의의 원칙과 성장한 국제인권 의식에 따라 지난날의 부정의와 인권 침해를 시정하는 것이 바람직한 일이기는 해도, 우리의 바람을 성급히 추구하기 보다는 여건이 무르익을 때까지 절제의 미덕을 발휘하자.

셋째는 국제규범을 선도하는 진취적 역할을 수행하는 것이다. 비록 국내법에 한정된 판결이기는 하지만 대법원 판결은 존중할만한 보편적 가치를 담고 있는 이상, 그 판결을 존중하고 앞으로 그 판결이 담고 있는 정의가 실현되도록 선도적인 역할을 하자.

이러한 세 가지는 우리 스스로 할 수 있는 일이고, 앞으로 일본의 호응을 끌어낼 수 있을 것이다. 이것이야말로 품격 있는 국가로 성숙하는 길이라고 나는 생각했다.

지금 국면에서 입법·사법·행정의 3권은 대한민국이라는 국가와 국민을 위해 각각 해야 할 일이 있다. 행정부는 피해 국민과 소통하며 그들의 상처를 치유하는 행사와 사업을 추진하고, 사법부는 현금화 유예를 통해 피해 국민의 부담을 덜어주어야 하고, 입법부는 대위변제 방식을 통해 피해 국민의 바람을 성취시켜야 한다. 여기서 내가 말하는 대위변제는 민관협의회에서 논의 중인 기금식 대위변제안이 아닌, 특별법 제정이 필요한 문희상안이다. 나는 이것이 진정 피해자를 위하고, 국민 화합과 역사 화해의 길이라고 생각했다.

곧 있을 3차 회의에서 문희상안을 제시하리라!

대통령 경축사

원래 나는 윤 대통령의 광복절 경축사를 염두에 두고 앞선 칼럼을 작성했다. 다음은 윤 대통령의 경축사의 주요 부분이다.

2022년 광복절 74주년 윤석열 대통령 경축사

일제 강점기 시절 독립 운동은 3.1 독립선언과 상해 임시정부 헌장, 그리고 매헌 윤봉길 선생의 독립 정신에서 보는 바와 같이 국민이 주인인 민주공화국, 자유와 인권, 법치가 존중되는 나라를 세우기 위한 것이었습니다.

자유와 인권이 무시되는 전체주의 국가를 세우기 위한 독립 운동은 결코 아니었습니다. 일제 강점기 시절 순국선열과 애국지사를 비롯하여 모든 국민이 함께 힘써온 독립 운동은 1945년 바로 오늘, 광복의 결실을 이뤄냈습니다.

그러나 독립 운동은 거기서 끝난 것이 아닙니다. 그 이후 공산 세력에 맞서 자유 국가를 건국하는 과정, 자유 민주주의의 토대인 경제 성장과 산업화를 이루는 과정, 그리고 이를 바탕으로 민주주의를 발전시켜온 과정을 통해 계속되어왔고 현재도 진행 중인 것입니다.

과거에는 약소국이 강대국에 의해 억압되고 박탈된 국민의 자유를 되찾기 위해 주권 국가를 세우는 것이 시대적 사명이었습니다. 앞으로의 시대적 사명은 보편적 가치를 공유한 국가들이 연대하여 자유와 인권에 대한 위협에 함께 대항하고 세계시민의 자유와 평화, 그리고 번영을 이뤄내는 것입니다.

존경하는 국민 여러분, 과거 우리의 자유를 되찾고 지키기 위해 정치적 지배로부터 벗어나야 하는 대상이었던 일본은 이제 세계시민의 자유를 위협하는 도전에 맞서 함께 힘을 합쳐 나아가야 하는 이웃입니다. 한일 관계가 보편적 가치를 기반으로 양국의 미래와 시대적 사명을 향해 나아갈 때 과거사 문제도 제대로 해결될 수 있습니다. 한일 관계의 포괄적 미래상을 제시한 김대중-오부치 공동선언을 계승하여 한일 관계를 빠르게 회복하고 발전시키겠습니다. 양국 정부와 국민이 서로 존중하면서 경제, 안보, 사회, 문화에 걸친 폭넓은 협력을 통해 국제사회의 평화와 번영에 함께 기여해야 합니다.

경축사에서 주목할 점은 일본에 대한 평가가 투쟁과 극복의 대상에서 보편적 가치를 공유하고 공동 번영을 향한 동반자로 변화했다고 언급한 부분이다. 이제는 싸워야 할 적이 아닌 연대해야 할 이웃으로 인식의 전환이 필요함을 말하고 있다. 여기서는 구체적인 해법을 언급하지는 않았지만 파트너십 선언을 계승하여 징용자 문제를 해결하고 양국 관계를 개선하자는 것이다.

대통령 경축사는 기대했던 것에 비해 그저 밋밋했다. 사용되는 단어도 논조도 감흥을 주지 못했다. 징용자 문제로 국내외 관심이 쏟아지는 시점에 국민들 특히 피해자들에게 그리고 일본을 향해서 호소력 있는 경축사를 기대했었던 나는 대통령 연설비서관의 존재 의미를 새삼 실감하게 되었다.

3차 회의에서 다뤄지지 못한 문희상안

3차 회의가 열리기 전에 예기치 않은 사건 발생했다. 그것은 민관협의회에 큰 파장을 가져왔다. 7월 26일 외교부가 현금화 판결에 대한 의견서를 대법원에 제출했다. 최종 판결이 임박했다고 판단한 외교부로서는 판결이 가져올 파장을 우려하여, 지금은 해법 마련을 위해 노력하고 있으니 현금화 결정을 미뤄달라는 취지의 의견서를 제출한 것으로 보인다. 그러나 대위변제의 수용 조건을 제시하며 강경한 입장을 견지하고 있던 피해자 측은 의견서 제출을 현금화 강행을 주장해온 피해자 측의 입장을 부정하는 외교부의 일방적인 행위로 간주했다. 대법원 판결을 구속하고 피해자의 권리를 침해하려는 외교부를 신뢰할 수 없다고 생각한 피해자 측은 의견서 제출을 이유로 삼아 8월 3일로 예정된 협의회에 불참한다고 선언했다. 나의 세 번째 칼럼이 발신된 다음 날이었다.

불참 선언이 의미하는 바는 자신들이 내세운 조건을 완화하거나 철회할 의향이 없으니 일본으로부터 조건 수락을 받아오라는 최후 통첩과도 같았다. 피해자 측의 불참은 외교부가 애써 만들고 진행해온 협의회가 파행함을 의미했다. 과연 불참 선언이 적절한 행위였는지도 의문이 남지만, 외교부가 사전 협의나 사전 공지를 통해 피해자 측의 양해를 구했다면 좋았을 것이라는 아쉬움이 남는다. 의견서를 제출한 것은 외교부로서 자신의 역할을 충실히 수행한 것이다. 제출하기 전에 피해자에게 보고하거나 상의하는 것이 오히려 사법 진행을 방해하는 것이라고 판단하여 사후에 보고했다는 외교부의 말이 사실이겠지만, 외교부가 복잡한 한일 역사 문제를 다루기에는 제한이 크다는 점을 여실히 알 수 있었다.

피해자 측의 불참 선언이라는 당혹스러운 상황에 직면한 외교부지만 그렇다고 3차 회의를 열지 않을 수 없었다. 3차 회의를 앞두고 논의 안건으로 문희상안을 생각하고 있던 나는 산케이신문 인터뷰에서 먼저 그런 나의 생각을 밝혔다. 다음은 8월 8일자 기사의 일부다.

협의회의 진행 상황은

"배상을 제3자가 대신하는 대위변제에 대해, 한국 정부는 국민의 세금으로 지불할지, 기금을 설립할지 검토하고 있다. 전자에 대해서는 지난 회의에서 법률 전문가로부터 '(이미 승소가 확정된) 원고 14명 전원의 동의가 필요하다'는 설명이 있었다. 원고 측은 일본 기업의 사죄나 기금 참여가 필요하다는 입장이기 때문에 동의를 얻는 것은 곤란할 것이다. 9일 회의에서는 기금안에 대해 집중적으로 논의하게 될 것이다."

기금안의 개요는

"한일 기업과 개인의 기부금을 재원으로 기금을 설립하는 문희상안이 기본이 된다. 여야 합의 하에 특별법을 제정하고 신청한 원고에 대한 지급 여부를 판단한다. 당사자의 고령화가 진행되는 가운데, 이 문제가 더 장기화되는 것을 싫어하여, 기금에 의한 현금 지급에 응하는 원고는 상당수 있을 것이다. 어디까지나 배상을 요구하는 원고는 지급에 응하지 않으면 그만이다."

원고가 기금을 거부하면 소송이 계속 진행되어 문제 해결로 이어지지 않는 것은 아닌지

"모두가 납득하는 완전한 해결책은 있을 수 없다. 단지 한국 측은 일본에 반대급부를 일절 요구하지 않고 선제적으로 기금을 설립해 문제 해결에 임하는 자세를 보인다는 것이다. 그런데도 일본 정부가 한국에 대한 불만을 표명할 뿐이라면, 국제 여론은 어느 쪽을 지지할까. 완전한 해결을 요구한다면, 일본 기업이 자발적으로 원고와의 접촉을 시도해야 한다."

기금 참여를 피고 기업에 요구하는가

"한국 정부는 한국 측의 노력에 대한 일본 측의 '호응'을 기대한다고 호소해 왔지만, 외교부 장관의 방일 등에서도 일본 측은 어떤 식으로든 한국 측에 기금 참여를 '보증'하는 것에 소극적인 자세를 보여 왔다. 나 개인적으로는 피고 기업이 자발적으로 참가할지에 관계없이 한국 측은 기금 설립을 진행해야 한다고 생각한다."

야당인 민주당이 다수를 차지하고 여당과 격렬하게 대립하는 한국 국회에서 기금안을 통과시키는 것은 가능한가

"문희상안은 원래 민주당 쪽이 중심이 되어 제출한 법안이다. 같은 당

소속으로 한일의원연맹 회장을 역임했던 김진표 현 국회의장이 기금 설립안을 발의하면 민주당 측이 거부할 이유는 없을 것이다. 김 의장도 법안 발의에 대한 의욕이 있다고 직접 이야기를 듣고 있다. 한때 문희상 안이 폐안이 된 근본적인 이유는 당시 문재인 대통령이 피해 당사자의 반발을 우려해 해결에 소극적이었기 때문이다. 현재는 대통령과 여당이 이 문제 해결에 적극적이라 충분히 실현 가능하다."

여기서 문희상 법안이 발의되었을 당시 피해자 측의 주장을 상기해 보자. 문희상 법안에 따르면 한국 기업과 국민은 물론, 자발적 성금을 통해 일본 기업과 일본 국민도 참여하게 되어 있었는데, 당시 피해자 측은 문희상 법안이 우리가 돈을 내서 일본에 면죄부를 주는 것이라고 반대했다. 이러한 반대 때문에 문재인 대통령은 문희상 법안을 추진하지 않았다. 그런데 지난 2차 회의에서 피해자 측은 대위변제의 수용 조건으로 한국 기업 이외에 일본 기업의 기금 참여를 제시했다. 일본 기업의 참여를 이제 와서 조건으로 제시할 거라면, 애초에 문희상 법안에 반대하지 말고 수용했더라면 좋았을 것이다. 그렇다면 지금이라도 문희상 법안을 해법의 하나로 논의해야 하지 않겠는가? 문희상 법안은 국회에서 통과되어야 하나 야당이 반대할 것이기 때문에 민관협의회에서 다루지 않겠다는 견해를 가질 수도 있지만 산케이신문 인터뷰에서 밝혔듯이 그렇지 않다. 설령 야당의 반대가 예상된다고 해도 더 좋은 안이라면 시도해야 하지 않겠는가? 민관협의회야말로 피해자의 의견을 청취하는 장이다. 따라서 나는 3차 회의에서 문희상안을 진지하게 본격적으로 피해자 측과 함께 논의하고 싶었다.

병존적 채무인수안

8월 9일 3차 회의가 열렸다. 외교부는 사전에 의제를 준비했다. 피해자 측이 빠져버린 상태에서 다수의 변호사들이 참석하여 대위변제와는 결을 달리하는 '병존적 채무인수(並存的 債務引受)'와 '변제 공탁(辨濟 供託)'이라는 법리를 검토했다. 이 법리를 검토하게 된 이유는 피해자 측이 제시한 조건을 일본이 수용할 의사를 표하지 않는 한 피해자의 동의를 얻기 힘들다고 판단한 외교부가 피해자의 동의 없이 대위변제를 실행할 수 있는 길을 모색하기 위해서였다고 나는 본다.

병존적 채무인수란 종래의 채무자의 채무를 면제시키지 않고 제3자(인수인)가 채권 관계에 개입해서 종래의 채무자와 더불어 새로이 동일한 채무를 부담하는 계약이다. 병존적 채무인수가 있는 경우 종래의 채무자는 채무를 면하지 못하고 인수인은 종래의 채무자의 채무와 동일한 채무를 부담하게 된다. 알기 쉽게 설명하자면, 피고 기업의 채무를 제3자인 한국의 재단이 인수하여 원고에게 판결금을 지급한다. 이 경우 원고의 동의 없이도 판결금 지급이 가능하다는 것이다.

한편, 변제 공탁은 채권자가 변제를 받지 않거나 받을 수 없는 경우 변제자가 채권자를 위하여 변제의 목적물을 법원에 공탁하여 그 채무를 면할 수 있는 제도를 말한다. 다시 말해 채권자가 변제금을 받지 않을 경우 법원에 변제금을 공탁하여 법적 조치를 완성하는 방법이다.

그러나 협의회에서는 병존적 채무인수는 일본이 채무자임을 인정하게 되어 65년 청구권 협정으로 모든 것이 끝났다는 일본의 입장과 충돌하는 문제점이 있으며, 채권자가 수령 거부 시 공탁 진행이 불가하다는 점도 지적되었다. 요컨대 병존적 채무인수나 변제 공탁은 피해자의 동의 없이 기금식 대위변제를 강행하는 방안으로 검토되었지만, 논란의 여지가 다분히 있는 것으로 보였다. 따라서 나는 그것보다는 또 다른 기금식 대위변제인 문희상안을 검토해야 한다고 생각하면서 회의에 임하고 있었다. 그러나 어느덧 시간이 소진되어 3차 회의가 종료되었다.

3차 회의 이후 외교부는 한편으로는 상당한 시일을 두고 3차 회의까지 논의된 내용을 정리하고, 다른 한편으로는 피해자 대리인의 불참을 의식해 피해자와의 지속적인 소통을 시도했다. 9월 2일 박진 장관이 이춘식 할아버지와 양금덕 할머니 자택을 방문하여 회의 내용을 설명하고 양해를 구하는 절차를 밟았다.

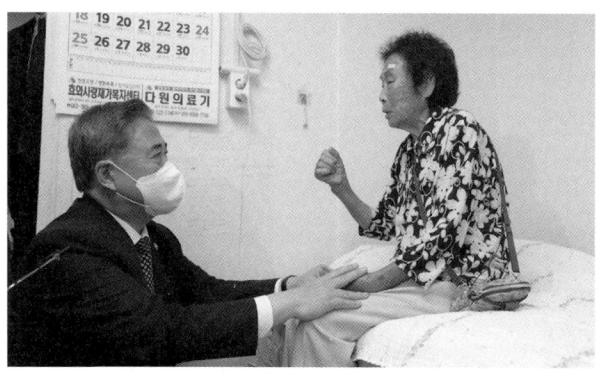

박진 외교부 장관이 2022년 9월 2일 미쓰비시중공업 근로정신대 강제동원 피해자인 양금덕 할머니 집을 방문해 대화를 나누고 있다. (연합뉴스)

3차 회의 이후 한 달 가까운 시일이 지난 9월 5일 4차 회의가 열렸다. 회의 서두에 이 회의가 마지막이라는 조현동 차관의 말이 있었다. 기존 회의를 통해 외교부가 정리한 방침을 최종 검토하는 회의가 되었다. 나는 외교부가 병존적 채무인수라는 명칭으로 방안을 정리했다고 이해했다. 이 회의를 마지막으로 민관협의회는 종결되었다.

병존적 채무인수라는 방안을 마련하고 종료된 민관협의회는 두 가지 의미를 가졌다. 첫째는 비록 파행은 있었지만 피해자 측과 투명한 소통 과정을 밟으면서 정부안을 마련했다는 점이다. 충분한지는 논란이 되겠지만 피해자에게 설명하고 설득하는 과정을 거쳤다. 둘째는 현금화 판결이 유예되었다는 점이다. 협의회가 진행되는 중인 9월 2일 이 사건의 주심을 맡은 김재형 대법관이 현금화 결정을 내리지 않은 채 퇴임하여 현금화 문제는 시간을 벌게 되었다.

협의회를 진행하는 과정에서 피해자 측과 일본의 중간에서 줄타기를 하던 외교부의 곡예는 끝났다. 피해자 측은 최소 조건을 충족시켜야 한다는 최후의 통첩을 철회할 의향이 없었다. 외교부에게 남은 일은 일본을 설득하여 호응 조치를 얻어내는 것이었다.

문희상안을 발언하지 않은 이유

결국 민관협의회에서 문희상안은 본격적으로 다뤄지지 않았다. 그 이유는 무엇이었을까? 3차 회의 때 나는 왜 문희상안을 발언하지 않았는가? 우선 협의회를 구상할 당초에 외교부는 문희상안을 의제에서 제외했다고 추측한다.

대선이 끝나고도 여야는 서로를 부정하며 적대적 대립 상황이 지속됐다. 허니문 기간도 없었다. 야당이 된 민주당은 선거 패배를 인정하지 않는 듯한 기세를 이어갔다. 반면 여당도 이재명 대표의 사법 처리를 강행하며 문재인 전 대통령의 실정을 추궁했다. 노무현 전 대통령의 죽음과 집권 세력의 폐족화라는 트라우마가 있는 야당은 이재명 체제를 지속하면서 문재인 지키기에 여념이 없었다. 신정부 출범 이후 여야 협치의 가능성은 없었다. 첫 번째 칼럼을 상기해보자. 나는 한일 관계 개선을 위해 여야 협치로 문희상안을 성사시키길 제시했다. 반면 여야 합의가 불가능하다고 판단한 윤석열 정부는 입법부의 특별법 제정을 전제로 하는 문희상안을 제외하고, 정부 여당만의 결정으로 실행할 수 있는 방안에 집중한 것으로 보인다. 인수위 시기에 그러한 판단을 하지는 않았던 것 같지만 적어도 민관협의회 개최 전에 그 판단을 한 것은 분명해 보인다. 그러나 외교부의 방침은 굳이 내가 추정할 이유가 없었다. 문제는 피해자 대리인 측의 입장이었다.

민관협의회에서 피해자 측도 문희상안을 거론하지 않았다는 사실이다. 앞서 언급했듯이 애초에 문희상 의장이 법안을 발의했을 때 그들은 반대했었다. 결국 그들의 반대에 문재인 대통령이 포획되어 문희상안이 좌초하게 되었다. 민관협의회에서 그들이 문희상안을 거론할 이유도 명분도 없었던 것이다. 그들은 대위변제 수용의 조건만 주장했고, 3차 회의부터는 참석조차 하지 않았다. 일본이 수용하기 어려운 조건을 내걸고 빠져버렸다. 이런 방식은 위안부 문제에서 정대협이 문재인 정부를 포획했던 것과 동일한 방식이다. 그들은 같은 방식으로 윤 정부도 자신들의 의도대로 포획하고자 했다.

결국 국내 문제였다. 민관협의회가 진행되던 어느 날 나는 한 행사 자리에서 만난 민주당 국회의원과 문희상안에 관해 얘기를 나눈 적이 있었다. 국회에서 문희상안을 통과시켰으면 좋겠다는 나의 말에 그는 "정부 여당 좋으라고 뭐하러 지금 합니까"라고 말했다. 진영 대립이 문희상안의 재등장을 가로막고 있었다. 도대체 진정 피해자의 치유를 생각하고 있는가, 아니면 정치투쟁의 수단으로만 생각하고 있는가!

  외교부도 피해자 측도 문희상안을 협의회의 논의 사안에서 제외하고 있었다. 3차 회의가 진행되는 중에 시간이 없기도 했지만, 의제로 제시할 상황이 아님을 알아차린 나는 발언하지 않았다. 아니 할 수 없는 상황이었다. 또다시 깊은 회한이 남는다. 두 번째 기회가 사라졌다. 도대체 역사는 어디로 흘러가고 있는 것인가!

8장 이어지는 교착 상태

교착 상태에 빠지다

 외교부는 피해자 측과 국민을 설득하기 보다는 일본으로부터 양보를 얻어내어 피해자 측이 제시한 동의 조건을 완화하는 길을 선택한 듯했다. 어쩌면 외교부라는 속성이 숙명적으로 이 길을 선택하게 했을 것이다. 원래 자국민을 설득하는 것은 외교부의 본령이 아니다. 외교부는 상대국을 설득하는 것이 그들의 본업이다. 윤 정부가 징용자 문제의 해법을 찾는 과정에서 외교부는 애초에 자신의 권능을 넘어서는 역할을 담당하고 있었다고 보아도 좋다. 나는 민관협의회가 진행되는 과정에서 외교부 담당자와 의견을 나눌 기회가 있었다. 그 자리에서 나는 안정된 컨트롤타워를 갖춘 범정부적 차원의 협조체제를 갖추고 임했어야 한다고 말했다.

 한일 문제는 국내 문제이기에 국내 정치 상황 속에서 피해자 측과 소통하며 해법을 찾아가는 절차가 무엇보다 중요했다. 그러나 외교부는 그런 조직도 아니고 그런 생각을 갖고 있지도 않았던 듯하다. 그들이 진행한 피해자 측과의 소통이란 형식적이고 의례적인 행위에 불과했다고 보여진다. 그렇다고 그들이 태만하거나 불성실하거나 무능하다는 것이 아니다. 어쩌면 외교부의 직무에 너무도 충실했기 때문에 발생한 당연한 현상이었을 것이다.

 대통령실의 시민사회수석이 외교부의 한계를 보완하며 피해자 측은 물론 국민들과의 소통을 진행했어야 했지만 그런 모습이 전혀 보이지 않았다. 박진 장관이 피해자를 직접 만나 무슨 결과를 얻었는지 묻고 싶다. 장관 수준에서 효과적인 대응을 할 수 없다면 그 다음은 대통령이 나서서 그들의 아픔을 어루만지고 이해하는 노력을 보였어야 하지 않은가? 시민사회수석실에서는 징용자 문제는 외교부 소관이라 하여 방치하지 않았는가?

원래 윤 정부는 오로지 국익론에 기반하여 사고하고 말하고 행동했을 뿐이다. 그것만으로는 그들이 피해자와 거리를 좁히는 것은 애초에 불가능했다. 몇 차례의 절차적 의례적 소통 과정을 거친 외교부는 자신의 본업에 치중했다. 일본과의 교섭을 통해 성의 있는 호응을 요청하는 외길을 걸었다. 그러나 일본은 좀처럼 호응을 보이지 않았다. 피해자 측이 제시한 조건 해결이라는 과제를 둘러싸고 교착 상태가 이어졌다.

현금화도 하나의 방안이다

외교부의 의견서 제출에 반발하며 3차 회의에 불참한 피해자 측은 교착 상태를 돌파할 방법으로 현금화의 최종 판결을 내리라고 주장했다. 이러한 주장은 한국 정부를 향하고 있었지만 그 내면은 일본의 양보를 압박하는 효과를 노렸다고도 볼 수 있다. 일본은 현금화가 곧바로 일본의 보복을 초래할 것이라는 강경한 입장을 견지하고 있었고, 한국 정부는 현금화만은 피하고자 하는 입장을 일관되게 갖고 있었다.

피해자 측이 제시한 동의 조건이라는 벽에 부딪혀 옴짝달싹 못하는 상황이었다. 피해자도 일본도 타협할 여지가 없었다. 그렇다면 아예 다른 길을 모색하자. 그래, 현금화하자! 현금화를 통해 문희상안의 활로를 다시 모색하자. 이런 구상을 담아 9월 27일 네 번째 칼럼을 발신했다.

현금화의 덫에 걸린 한일 관계

대법원은 2018년 식민 지배의 불법성에 근거하여 원고가 입은 정신적 피해에 대해 위자료를 배상하라는 판결을 내렸다. 1965년 한일 청구권 협정과 충돌하면서도 사법자제의 원칙을 넘어서는 이 판결은 피해자의 분노를 해소하고 상처를 치유한다는 측면에서 보면 일종의 '주술(呪術)'이었다. 나아가 그 판결이 한일 관계의 심대한 악화를 초래했다는 측면에서 보면 '저주(咀呪)'라고도 표현할 수 있다.

판결이 나오자 원고인 피해자 측은 정의가 실현되었다고 감격했다. 반면 일본 정부는 청구권 협정으로 징용자 문제가 완전히 해결되었기 때문에 이 판결은 국제법 위반이라고 반발했고, 피고인 일본 기업은 판결 이행을 거부했다. 그러자 원고 측은 판결의 강제 집행을 위해 피고 기업의 한국 내 자산을 현금화하는 절차를 밟기 시작했다. 이후 한일 관계는 '현금화의 덫'에 걸려 정치·외교·군사·안보·경제·문화 교류에 이르기까지 파국을 향해 돌진했다.

2022년 5월 새 정부 출범 이후 한미 관계를 재설정한 윤석열 정부는 여세를 몰아 한일 관계 개선에 정성을 쏟았다. 박근혜 정부 때 성사된 위안부 합의가 파행으로 끝난 쓰라린 경험을 교훈삼아, 정부는 징용자 문제의 해법을 공개적으로 마련하기 위해 지난 7월 4일 민관협의회를 가동했다. 협의회는 제3자가 피고 기업을 대신해 채무를 변제하는 것이 해법이 될 수 있는지를 주로 논의했다. 대위변제가 성립하기 위해서는 채권자인 원고 전원의 동의가 필요했고, 이 점에 대해 참석한 피해자 대리인은 일본 정부와 피고 기업의 사죄 표명 및 피고 기업의 기금 참여가 동의를 위한 최소 조건이 될 수 있음을 언급했다. 외교부는 이런 상황을 일본에 전하며 공개·비공개로 일본 정부의 성의 있는 호응, 즉 사죄 표명과 기금 참여를 요청했다.

 2차 협의회 이후에도 일본의 호응은 감감했고, 현금화에 대한 대법원의 최종 판단이 임박해왔다. 현금화의 덫이 조여오자 외교부는 7월 26일 대법원에 의견서를 제출했고, 이를 대법원 판결의 이행을 방해하는 행위라고 간주한 피해자 대리인은 협의회 불참을 선언했다. 8월 9일 피해자 쪽이 빠진 3차 협의회에서 채무인수, 공탁 등이 검토되었고, 그 후로도 사죄와 기금 참여는 불가하고, 만약 현금화가 시행되면 보복 조치를 할 것이며, 그에 따른 결과는 오로지 한국에 책임이 있다는 일본의 입장은 일관했다. 현금화의 덫에 걸린 일본도 성의 있는 호응은 커녕 옴쭉달싹 못 하고 원론적인 입장만을 되풀이했다.

 9월 5일 마지막 4차 협의회가 열렸다. 외교부는 정부가 제3자가 되어 세금으로 변제하는 방식은 해법이 되기 어렵다는 방침을 밝혔다. 이것은 신설 재단이나 기존 조직이 제3자가 되어 한국의 청구권 자금 수혜 기업과 피고 기업으로부터 기금을 조성하여 변제하는 방식이 해법으로 남게 된다는 의미다. 그러나 재단을 신설하려면 여야 합의를 통한 특별법을 제정해야 하기에 당장 작동할 수 있는 기존의 일제강제동원피해자지원재단이 주체가 되어 기금을 모아 변제하는 해법이 정부의 손에 남겨진 채, 가동한 지 두 달 만에 민관협의회는 막을 내렸다.

 이런 결과는 일본 정부와 피해자 사이에서 긴장감 있는 곡예를 하던 정부가 결국 피해자 쪽으로 기울었다는 것을 의미한다. 이렇게 된 데에는 의견서 제출로 피해자 쪽의 이탈을 초래한 외교부의 실책과 윤석열 정부의 지지율 하락이 요인으로 작용했다. 피해자의 반발과 국민의 따가운 시선을 감당하기 어렵다고 판단한 윤 정부는 피해자와 국민을 설득하기보다는 일본을 설득하여 양보를 얻어내기로 결론을 내린 것으로 보인다. 결국 또다시 판결의 주술과 현금화의 덫이 위력을 발휘한 것이다.

이제 정부는 한 손에 국익론이라는 논리와 다른 한 손에 남겨진 해법을 들고 일본을 향해 적당히 안배된 기금 참여와 적절히 조절된 사죄 표명을 구애하게 되었다. 공은 일본으로 넘어갔다. 일본은 자국의 실익에 따라 기존의 원칙과 명분 있는 입장을 접고 한국 정부의 구애에 응할 것인가, 아니면 구애를 냉정하게 거절할 것인가? 식민 지배를 통해 참담한 불행과 고통을 안겨준 일본이 지금 이 정도의 양보는 해야 하는 것 아니냐는 한국 국민의 정서를 수용할 것인가 아니면 언제까지 이런 패턴을 감당해야 하는가? 이것이 끝이 아닐 텐데 하며 진저리를 치는 일본 국민의 감정에 따를 것인가? 이것은 일본 정부가 결정할 몫이다.

일본이 전자를 선택한다면 비록 최선의 해법은 아닐지라도, 징용자 문제는 현금화의 덫에서 빠져나와 수습의 단계로 이행할 것이다. 꽉 막힌 상황에 돌파구를 마련한다는 점에서 괜찮은 해법이다. 그렇다고 이것으로써 판결의 주술이 풀리는 것은 아니다. 단지 대법원 판결 승소자인 15명에 대한 조치에 불과하다. 현재 소송을 진행하고 있는 나머지 1,000명에 가까운 피해자, 그리고 공소시효 만료로 소송을 제기하지 못한 피해자, 나아가 15명과 유사한 사례지만 다른 1심 재판에서 패소한 피해자 등의 문제를 차후 어떻게 처리할지 정부는 산적한 난제에 직면하게 될 것이다.

반면 일본이 후자를 선택하여 다시 공을 한국 쪽으로 넘긴다면 어떻게 될까. 결국 한국 정부는 피하고 싶었던 현금화 시행에 마주치게 될 것이다. 그 지점에 다다를 한국 정부에 나는 현금화의 덫에서 빠져나와 판결의 주술을 푸는 방법을 과거 한국 정부의 역사적 대응 속에서 찾아 발전시켜 볼 것을 권하고자 한다.

어차피 현금화를 피할 수 없다면 원인이 된 판결의 주술을 풀자. 그러기 위해서는 주술이 걸리기 이전으로 돌아가 한국과 일본, 한국 내 보수와 진보가 공유하는 인식에서 실질적 해법의 실마리를 찾자. 2005년 8월 26일 노무현 정부의 국무조정실에서 발표한 '한일 회담 문서 공개 후속 대책 관련 민관공동위원회 개최'라는 제목의 보도자료에 주목할 필요가 있다.

한일 회담 문서를 공개하게 되자, 노무현 정부는 민관공동위원회를 개최하고 한일 청구권 협정의 법적 효력 범위에 관한 정부 방침을 정리했다. 위안부 문제는 청구권 협정으로 해결되지 않았기 때문에 일본 정부의 법적 책임이 남아 있다. 반면 정치 협상을 통해 총액 결정 방식으로 수령한 무상 3억달러에는 강제동원 피해 보상 문제를 해결해야 하는 성격의 자금이 포괄되어 있다. 따라서 정부는 무상 자금 중 상당 금액을 강제동원 피해자의 구제에 사용할 도의적 책임이 있다. 이 책임을 지기 위해 1975년 박정희 정부에서 피해자 보상을 처음 실시했으나 불충분했다. 노무현 정부는 오랜 기간 고통을 겪어온 강제동원 피해자의 아픔을 치유하기 위해서 도의적·원호적 차원과 국민 통합의 측면에서 정부 지원 대책을 마련하고자 한다. 이러한 내용을 결정한 위원회의 공동 위원장은 이해찬 국무총리였고, 당시 문재인 청와대 민정수석이 정부 위원으로 참여했다. 이후 이 방침에 따라 한국 정부의 2차 강제징용 피해자 보상이 실시되었다.

따라서 징용자 문제에 관한 한 윤 정부는 1965년 청구권 협정과 2005년 확인된 노무현 정부의 방침에 따라 한국 스스로 3차 피해자 보상을 한다는 원칙에 따라 행위를 하면 된다. 앞으로 현금화를 시행하라는 대법원의 최종 판단이 내려진다면 경매로 나온 피고 기업의 자산을 정부 예산으로 매수하고, 현금화된 금액이 판결 금액보다 적을 경우 정부 예산으로 보충하여 원고에게 지불하면 된다. 이것이 바로 도의적·원호적 차원에서 국민 통합을 위한 피해자에 대한 조치임과 동시에 청구권 협정을 인정하고 국제법을 준수하라는 일본의 요청에 응하는 답이다. 한편 현금화와 병행하여 역사 화해의 차원에서 이른바 문희상 법안을 여야 합의로 추진하여 특별법을 제정하고 재단을 신설한다. 이 또한 역대 진보·보수 정부가 공유한 인식에 따르는 것이기에 지금의 민주당이 거부할 명분이 없다. 이렇게 신설된 재단에 피고 기업이 자발적으로 기금을 제공한 후, 정부는 경매로 매수한 자산의 소유권을 피고 기업에 환원한다. 이로써 대법원 판결의 주술이 풀리고 현금화의 덫에서 벗어난 한일 양국은 미래를 향해 또 한 걸음을 내딛게 될 것이다.

한일 역사 화해를 위해 한국이 제시할 선제적 해법에 일본이 호응할지는 그들의 몫이다. 역사 문제에서 완전하고 불가역적인 해결이란 환상이다. 인내와 절제, 원칙에 따른 용단을 통해 끊임없이 전진하는 화해의 과정이 있을 뿐이다.

민관협의회를 거치면서 정부는, 특히 외교부는 피해자 쪽의 입장으로 기울고 있었다. 그것은 피해자 쪽의 주장에 포획되는 것을 의미했다. 문재인 정부의 전철을 밟고 있다는 기시감이 들었다. 나는 대법원 판결의 주술을 풀 해독제를 만드는 데 2005년 민관공동위원회의 활동 결과를 재료로 사용했다. 이를 자세히 살펴보자.

민관공동위원회의 방침

2005년 8월 26일 노무현 정부의 국무조정실은 "한일 회담 문서 공개 후속 대책 관련 민관공동위원회 개최"라는 제목의 보도자료를 냈다.

다음은 보도자료의 주요 내용이다.

정부는 8월 26일 이해찬 국무총리 주재로 한일 회담 문서 공개 후속 대책 관련 민관공동위원회를 개최하고, '65년 한일 청구권 협정의 효력 범위 문제 및 이에 따른 정부 대책 방향 등에 대해 논의했다.

첫째, 위원회에서는 한일 청구권 협정의 법적 효력 범위 등에 대해 논의하고 다음과 같이 정리했다.
①한일 청구권 협정은 기본적으로 일본의 식민 지배 배상을 청구하기 위한 것이 아니었고, 샌프란시스코 조약 제4조에 근거하여 한일 양국 간 재정적·민사적 채권·채무관계를 해결하기 위한 것이었다.
②일본군 위안부 문제 등 일본 정부·군(軍) 등 국가 권력이 관여한 반인도적 불법 행위에 대해서는 청구권 협정에 의하여 해결된 것으로 볼 수 없고, 일본 정부의 법적 책임이 남아 있다. 사할린 동포, 원폭 피해자 문제도 한일 청구권 협정 대상에 포함되지 않는다.

둘째, 위원회는 한일 협정 협상 당시 한국 정부가 일본 정부에 대하여 요구했던 강제동원 피해 보상의 성격, 무상 자금의 성격, '75년 한국 정부 보상의 적정성 문제 등을 검토하고 다음과 같이 정리했다.
①한일 협상 당시 한국 정부는 일본 정부가 강제동원의 법적 배상·보상을 인정하지 않음에 따라, "고통받은 역사적 피해 사실"에 근거하여 정치적 차원에서 보상을 요구하였으며, 이러한 요구가 양국 간 무상 자금 산정에 반영되었다고 보아야 한다.
②청구권 협정을 통하여 일본으로부터 받은 무상 3억불에는 강제동원 피해 보상 문제 해결 성격의 자금이 포괄적으로 감안되어 있다고 보아야 할 것이다.

③청구권 협정은 청구권 각 항목별 금액 결정이 아니라 정치 협상을 통해 총액 결정 방식으로 타결되었기 때문에 각 항목별 수령 금액을 추정하기 곤란하지만, 정부는 수령한 무상 자금 중 상당 금액을 강제동원 피해자의 구제에 사용하여야 할 도의적 책임이 있다고 판단된다.
④그러나 75년 우리 정부의 보상 당시 강제동원 부상자를 보상 대상에서 제외하는 등 도의적 차원에서 볼 때 피해자 보상이 불충분했다고 볼 측면이 있다.

셋째, 정부는 이러한 위원회의 논의 결과를 토대로 오랜 기간 고통을 겪어온 강제동원 피해자의 아픔을 치유하기 위해서 도의적·원호적 차원과 국민 통합 측면에서 정부 지원 대책을 마련하기로 했다.
①강제동원 피해자들에 대해 추가적 지원 대책을 강구하고, 강제동원 기간 중의 미불임금 등 미수금에 대해서도 일본으로부터 근거 자료 확보 노력 등 정부가 구제 대책을 마련한다.
②아울러 정부는 일제 강제동원 희생자에 대한 추모 및 후세에 대한 역사 교육을 위해 추도 공간 등을 조성하는 방안도 검토한다.

요컨대 위안부 문제는 청구권 협정의 대상이 아니었기에 이후 일본의 법적 책임을 추궁하지만, 징용자 문제는 청구권 협정으로 처리되었으니 이후 한국 정부가 도의적·원호적 차원과 국민 통합의 측면에서 지원 대책을 마련한다는 것이다. 이해찬 국무총리와 문재인 청와대 민정수석이 결정한 이 방침에 따라 노무현 정부는 2차 피해자 보상을 실시했다.

여기서 다시 한번 2018년의 대법원 판결 사안을 상기해보자.

원래 청구권 협정은 일본의 식민 지배 배상을 청구하기 위한 것이 아니라 샌프란시스코 조약에 따라 재정적·민사적 채권·채무 관계를 해결하기 위한 것이다. 당시 한국 정부는 식민 지배 배상을 하지 않기로 일본과 '타협'했다.

노무현 정부는 협정 당시 한국 정부의 타협을 인정하되, 위안부 문제는 타협의 범위 안에 포함되지 않는다고 판단했다. 이 판단을 일본도 완전히 무시하지는 않았다. 공식적으로는 위안부 문제의 법적 책임을 부정하지만 그럼에도 불구하고 위안부 문제에 대해서는 한국 측의 요구에 반응했다.

그러나 2018년 대법원 판결은 이러한 구도와는 완전히 다른 것이다. 한국 사법부는 협정 당시의 한국 정부의 타협을 부정하고 새로이 식민 지배 배상의 차원에서 판결하여 구도 자체를 변경시켰다. 그리고 문재인 대통령과 그 정권은 삼권분립의 원칙에 따라 대법원 판결을 존중한다는 말로 자신들이 속해 있던 노무현 정부를 포함하는 역대 정부의 방침으로부터 이탈했다. 이것은 오히려 삼권분립의 원칙을 위배하는 사법부의 월권이고, 이로 인해 국가 정체성(국가 이성, 국가의 존립근거)이 변경되었고, 이 변경에 대해 전혀 응하지 않는 일본과의 역사 전쟁을 초래했으며, 결국 문재인 정권은 출구조차 찾지 못한 채 정권을 빼앗기고 말았다.

나는 이제라도 원래 방침으로 돌아가 그에 기초하여 해결의 길을 모색해야 한다고 생각했다. 대법원이 정부의 의견서에 따라서 현금화 시행 판단을 내리지 않고 있는 상황이 지속되기 보다는 오히려 한국 정부의 역대 방침에 따라 처리하는 것이 순리라고 판단했다. 현금화를 하고 문희상안으로 징용자 사안을 마무리하자는 것이 내 생각이었다.

이것은 문희상안의 변주였다. 문희상안에 대한 나의 애착과 미련이 남아 있었다.

피해자가 응할지 여부를 생각해보자. 현금화는 피해자가 일관되게 주장하는 바였다. 자신들이 원하는 것이 관철됐는데 응하지 않을 이유도 명분도 없다. 그럼에도 또다시 문희상안이 면죄부라고 기존 입장을 반복한다면 그건 억지에 불과하다.

한편 일본의 반응은 어떠할까? 현금화가 청구권 협정 위반인지, 아니면 청구권 협정 준수인지를 결정하는 것은 정치적 판단의 영역이다. 그것은 외교의 영역이며 타협의 영역이며 공존의 영역이다. 한일 역사화해 차원에서 한국이 제시하는 선제적 해법에 일본이 응하지 않는다면 그로 인한 책임을 일본에 돌리면 된다.

현금화를 단행하기 위해서는 강한 리더십이 필요하다. 특히 일본을 상대하는 협상력이 필요하다. 그러나 아직 양국 간에 신뢰가 구축되지 못한 상황이었다. 윤 정부는 선뜻 현금화에 나서지 못했다.

국내 설득으로 전환하자

교착 상태를 돌파하기 위해 한국 정부는 일본 설득에 매진했다. 9월 22일 유엔 총회에 참석한 윤석열 대통령은 기시다 총리가 묵는 호텔로 찾아가 약식 회담을 성사시켰다. 일본은 이를 정상회담이 아니라 '간담'이라고 일부러 평가절하했다. 11월 6일 욱일기 게양이라는 국내 비난을 무릅쓰고 일본에서 거행된 국제 관함식에도 참가했다. 일본의 환심을 사기 위한 노력의 일환이었다. 11월 13일 프놈펜에서 개최된 아세안정상회의를 계기로 한미일 정상회담이 있었고, 이어서 한일 정상회담을 가졌다. 회담 이후 징용자 문제의 연내 타결을 암시하는 보도가 나왔다.

집요한 구애였다. 구차하게 느껴질 정도였다. 그래도 일본은 호응할 생각이 없었다. 이참에 한국의 '못된 버릇'을 고쳐놓겠다는 심산이었을 것이다. 일본은 꽃놀이패를 쥐고 있었다. 호응 없이 버텨서 사죄와 배상 없는 병존적 채무인수로 결착을 보거나, 아니면 원래 수용 의사가 있었던 문희상안을 한국에서 제시해왔을 때 못이기는 척하며 받아들이거나 어느 쪽도 일본으로서는 손해를 보는 장사가 아니었다. 어정쩡하게 타협하여 일정 부분 호응 조치를 취하는 것보다 훨씬 남는 장사였다.

한국은 도대체 왜 이 길로 들어와서 이런 구차한 상황에 처했는가? 분명 잘못되었다. 일본이 문희상안을 원하던 때와 비교하면 천양지차의 상황이 벌어지고 있었다. 역사 문제에 있어서 이토록 저자세의 입장에 처해본 적이 있는가? 주객이 전도되고 공수가 뒤바뀐 이 상황을 감내하기에는 자존심이 허락하지 않았다.

다시 하자. 일본에 구애하지 말고 우리 힘으로 당당하게 처리하자. 이렇게 생각한 나는 서둘지 말고 호흡을 가다듬고 냉정하게 생각하기를 주문했다. 11월 29일 발신한 다섯 번째 칼럼은 그런 생각을 담았다.

징용자 문제, 성급한 성과보다 국내 설득에 눈 돌려야

한일 정상은 지난 13일 캄보디아 프놈펜에서 회담했다. 2019년 12월 이후 약 3년 만에 열린 정식 정상회담이다. 회담 이후 대통령실은 보도자료를 내고 "두 정상이 양국 간 현안과 관련해 외교 당국 간에 활발한 소통이 이뤄지고 있음을 평가하고 조속한 해결을 위해 계속 협의해 나가자고 했다"고 밝혔다. 이 회담에서 현안인 징용자 문제에 대해 구체적인 성과를 도출하지는 못했지만, 대통령실은 양국 실무진 사이에 징용자 문제 해법이 한두 개로 좁혀지고 있으며, 이를 가지고 양국 정상은 문제를 신속히 풀어가자는 데 의기투합했다고 설명했다.

지난 5월 출범 이후 한일 관계 개선을 위한 윤석열 정부의 부단한 노력이 종착점에 다다랐다는 희망이 엿보였다. 올해가 가기 전에 '징용자 합의'가 발표될 듯한 인상을 받았다. 분명 징용자 문제는 해결의 문턱에 가까이 왔다. 그러나 문턱 너머 나타난 문이 천국의 문인지 지옥의 문인지는 예단하기 어렵다. 2015년 12월 위안부 합의의 악몽이 좀처럼 뇌리를 떠나지 않기 때문이다.

문재인 정부 때 닫혀버린 한일 외교를 재개하고자 윤석열 정부는 진심을 담아 많은 노력을 기울였다. 피해자 측의 견해를 확인하며 그들과의 정서적 거리를 좁히려고 노력하는 한편, 일본을 상대로 빈번한 실무자 교섭과 고위급 회담을 거듭하면서 상호 신뢰의 기반을 차근차근 쌓음으로써 마침내 정상회담에 이르렀다. 이 과정에서 민관협의회가 중요한 역할을 했다.

정부는 4차에 걸친 협의회를 통해 기본안을 마련했다. 기존의 일제강제동원피해자지원재단이 주체가 되어 한일 양국 기업으로부터 기금을 모아 대위변제한다는 것이다. 이 안이 합의되기 위해서는 두 가지 조건이 요구된다. 하나는 일본 정부·기업의 사죄 표명과 일본 기업의 기금 참여이고, 다른 하나는 피해자의 동의다. 바로 이 두 조건이 문턱 앞에 버티고 있어 양국 정상은 프놈펜 정상회담에서 합의에 이르지 못한 것이다. 문턱을 넘고 싶은 윤 대통령과 문턱을 넘을지를 고민하는 기시다 총리 두 사람이 공유한 인식의 산물이 정상회담 직후에 제공된 보도자료의 짧은 문안이다.

 윤 대통령은 일본 측의 기금 참여와 사죄 표명을 들고 피해자의 동의를 구해 대법원 판결 문제를 해결함과 동시에 수출 규제, 한일 군사정보보호협정(GSOMIA·지소미아), 위안부 문제 등을 포괄적으로 해결하고, 한미일 삼각 협조체제를 구축함으로써 그 성과를 바탕으로 난맥처럼 흩어진 내치에 매진하고자 하는 기대를 가지고 있다.

 반면 기시다 총리는 한국 측의 진심을 담은 화해의 손을 선뜻 잡지 못하고 있다. 그가 고민하는 이유는 일본의 일관된 기존 주장을 철회해야 할 뿐 아니라, 설사 양보해서 합의가 이루어진다고 해도 한국의 정권이 바뀌면 번복될 수 있다는 위안부 합의의 트라우마가 있기 때문이다. 윤 대통령이 기시다 총리의 우려를 불식시켜 줄 묘약이 없는 한 징용자 합의는 기대하기 어려워 보인다.

 지성이면 감천이고, 열 번 찍어 안 넘어가는 나무 없다는 속담이 있듯이 한국 측의 지속적인 구애에 결국 일본이 호응할 수도 있다. 그러나 일본이 결단해도 문제는 디테일에 남아 있다. 합의 내용을 각자 자의적으로 해석할 수 있는 여지를 남겨놓는 애매한 타협이 된다면 갈등의 씨앗이 된다. 피해자가 흔쾌히 수용할 수 있는 명백한 표현이어야 하고, 이면 합의가 존재해서도 안 된다.

 천신만고 끝에 합의에 이른다 해도 또 다른 문제가 우리 안에 남아 있다. 지난 10월 25일 국회에서 열린 한 간담회에서 대한변협 일제피해자 인권특위 부위원장인 박형래 변호사가 병존적 채무인수를 통한 대위변제도 채권자인 피해자의 동의가 필요하다는 견해를 밝혔다. 민관협의회에 참석했던 그의 이러한 주장은 피해자의 동의 없이 대위변제를 시행하려는 정부 안과 배치된다. 간담회에서 정부 간 합의 자체를 부정할 수 있는 논리와 명분이 제시됐다고 볼 수 있다.

현재의 한국 정치 상황은 더불어민주당 이재명 대표를 둘러싼 여야 간의 사법 전쟁, 이태원 참사 사태 처리를 둘러싼 정권 퇴진 시위 등 진영 간 대립이 격화되고 있다. 만약 여기에 징용자 문제가 진영 간 역사 전쟁으로 비화한다면 그 폭발력은 막대할 것이다.

나는 이 시점에서 윤 정부에게 성급하게 가시적 성과를 내려는 유혹에 빠져서는 안 된다고 조언하고 싶다. 선불리 문턱을 넘기보다는 재촉하던 걸음을 잠시 멈추고 깊이 호흡을 가다듬고 생각해보았으면 한다. 한국은 일본에 충분히 성의를 다했다. 한국 측의 입장과 성의 있는 호응 요청을 다양한 채널을 통해 지속해서 전달했다. 저자세라는 비난을 감수하면서 뉴욕에서 기시다 총리와의 약식 회담을 가졌고, 욱일기 경례가 굴욕적이라는 논란을 무릅쓰면서 일본에서 열린 국제 관함식에도 참가했다.

그러나 정작 국내 구성원을 향해서 얼마나 정성을 기울였는지 돌아볼 필요가 있다. 진정성을 갖고 최선을 다해 피해자를 설득했는가. 야당에 협조를 요청했는가. 국민에게 설명했는가. 지금은 일본을 설득해 문제를 단숨에 해결하겠다는 유혹으로부터 잠시 거리를 두고, 방향을 국내로 돌려 다음과 같이 설명하고 설득하고 호소해보기를 권한다.

"친애하는 피해자 어르신, 야당 의원, 그리고 국민 여러분, 정부 출범 이후 징용자 문제 해결을 위해 사력을 다한 결과 마침내 정상회담까지 가졌습니다. 그러나 안타깝게도 아직 일본은 성의 있는 호응을 전해오지 않고 있습니다. 여전히 일본의 호응을 기대하면서도, 다른 한편으로는 우리 정부가 스스로 할 수 있는 일을 해보려고 합니다. 과거 우리 정부가 부족하고 미력하여 피해자들의 한(恨)을 충분히 풀어드리지 못했습니다. 이제 가슴에 남아 있는 그 한을 우리 정부가 정성을 다해 풀어드리기 위해 '포스코 역사기념 의식'을 구상했습니다. 청구권 자금과 일본 기업의 기술 지원으로 건설된 포스코 현장은 극일(克日)의 자랑스러운 장소입니다. 포스코의 위대함이 피해자분들의 땀과 피와 눈물의 대가로 이루어졌음을 선언하고자 합니다. 포스코 내에 추모 공간을 조성하고 선언문과 피해자의 이름을 새긴 기념비를 세워 피해자분들을 모시고 온 국민이 경축하고자 합니다. 정치 협상을 통해 총액 결정 방식으로 수령한 청구권 자금에는 강제동원 피해 보상 문제를 해결해야 하는 성격의 자금이 포괄되어 있습니다. 무상 자금 중 상당 금액을 피해자의 구제에 사용할 도의적 책임에 따라 1975년 박정희 정부에서 첫 피해자 보상을 했고, 노무현 정부는 오랜 기간 고통을 겪어온 강제동원 피해자의 아픔을 치유하기 위해서 도의적·원호적 차원과 국민 통합의 측면에서 2차 보상을 했습니다. 이제 윤 정부는 역대 정부의 방침을 계승하여 3차 보상을 하고자 합니다. 3차 보상이 시행되면 피해자분들은 대법원 판결로 획득하신 채권을 정부에 양도해주시기 바랍니다. 정부는 일본과 협의해가며 정의롭고 당당하게 처리하여 결코 피해자분들에게 또 다시 한을 남기지 않도록 하겠습니다."

2017년 문재인 정부가 출범하자 문희상 전 국회부의장을 일본 특사로 파견했다. 당시 문 특사는 기시다 외무상에게 우리 국민 대다수가 정서적으로 위안부 합의를 수용할 수 없지만 전략적 이익을 공유하는 한일이 미래지향적인 관계를 맺어나가길 희망한다고 전하며, 투 트랙으로 한일 관계에 임하겠다는 방침을 전했다. 그러나 문재인 정부 내내 투 트랙은 작동하지 않았다.

프놈펜 정상회담에서 경제·안보·인적 교류라는 한쪽 바퀴가 굴러가고 있음을 확인했다. 이를 통해 화이트 리스트와 지소미아 문제를 종결짓고, 전 분야에 걸친 협력을 확대해가자. 이와 동시에 국내적 설득을 바탕으로 역사 화해라는 다른 쪽 바퀴도 서서히 굴려보자.

> 2025년은 한일 국교정상화 60주년을 맞이하는 해다. 김대중-오부치 파트너십 선언이 있었던 1998년으로부터도 한 세대가 지났다. 이제 중장기 로드맵을 갖고 새로운 한일 시대를 열어가자. 이를 위해 대통령 혹은 총리 산하에 '한일 화해위원회'를 설치하여 일본과 긴밀히 협의하며 역사 화해를 추진해 나가자. 피해자의 바람을 깊이 명심하고, 반드시 여야 합의를 기반으로 하여, 양국의 미래 세대에게 길을 열어주는 방향으로 과거사 문제를 처리하자. 그토록 높아만 보이던 문턱 앞에서 주저하고 갈등하던 양국이 그 문턱을 훌쩍 넘어 동아시아 지역 협력과 세계 평화와 번영을 위해 공조하는 성숙한 모습을 보게 되기를 고대한다.

 명분도 실리도 없는 일본 설득에 매달리는 것보다 역대 정부의 방침으로 돌아가서 3차 보상을 실시하자. 더 이상 일본이라는 타력에 의존하지 말고 자력으로 구원하자. '상처는 스스로 치유한다'는 제3 명제에 따르는 이 길을 피해자 어르신, 야당 의원, 그리고 국민 여러분에게 설명하고 설득하는 것이 훨씬 더 나은 방법이라는 것이 나의 생각이었다.

양금덕 서훈 사건

 11월 24일 도쿄에서 국장급 협의를 가졌다. 서민정 아태국장은 일본의 호응을 재삼 요청했지만 일본은 여전히 구체적인 대답을 내놓지 않았다. 결과 도출을 위한 외교부의 노력이 진행되는 와중에 어처구니없는 일이 발생했다.

 서 국장이 협의를 가진 날 국가인권위원회는 양금덕 할머니를 2022년 인권상·국민훈장 모란장 수상자로 결정했다. 12월 9일 세계인권기념

일에 수여할 예정이었다. 그러나 12월 6일 국무회의에 서훈 건이 상정되지 않아 수상이 무산됐다는 얘기가 외부로 전해졌다.

12월 7일 서민정 아태국장이 광주로 가서 피해자 측 인사들을 만났다. 새로 국장으로 임명된 서 국장이 피해자 측과 소통하기 위해 도쿄 출장 이전에 잡아 놓은 일정이었다. 지난 9월 2일 박진 장관의 대면 이후 3개월 만에 추진된 만남이었다. 서 국장은 피해자 측에 지난 24일 도쿄에서 가졌던 국장급 협의의 내용을 설명했고, 서훈 절차가 중단된 것에 대해서도 설명했다고 한다. '서훈 수여는 국무회의에서 심의가 이뤄져야 하는데 부처 간 사전 협의가 진행되지 않아 외교부에서 안건 상정을 보류해달라고 요청했다'는 취지로 서 국장이 설명했다고 한다.

이에 대해 피해자 측은 외교부가 일본을 의식해 서훈에 제동을 걸었다고 반발했다. 징용자 문제를 해결하기 위해 일본과 협의 중인 외교부가 협상에 방해가 될 수 있는 변수를 차단하기 위해 양금덕 할머니에 대한 서훈을 막았다고 주장했다. 8일 외교부 대변인이 정례브리핑에서 "법에 규정된 절차를 따라야 한다는 의견을 제시한 것이지 양 할머니의 서훈에 반대한 것이 아니다"라고 해명했지만, 피해자가 받았을 마음의 상처는 작지 않았을 것이다.

나는 외교부의 서훈 중단 조치에 깜짝 놀랐다. 징용자 문제가 한창 진행 중인 와중에 윤석열 정부가 피해자에게 보인 둔감성에 놀라지 않을 수 없었다. 외교부가 서훈을 무산시킨 이유가 정부 부처간 의견이 조율되지 않아 절차상 문제가 있다는 것을 도저히 납득하기 어려웠다. 울고 싶은 사람의 뺨을 때리는 격이 아닌가? 진영 간 적대감에 기름을 끼얹는 조치가 아닌가? 지금도 이해가 되지 않는다. 정부는 피해자의 상처를 치유할 의향이 있는지 그 진정성을 의심하지 않을 수 없었다.

현인회의와 민관대토론회

12월 6일 외교부는 징용자 문제에 관한 국내 의견 수렴 절차의 일환으로 현인회의라는 자리를 만들었다. 박진 장관이 주재한 이 자리에 유흥수 한일친선협회 중앙회장, 문희상 전 국회의장, 최상용 전 주일대사, 홍석현 중앙홀딩스 이사장이 참석했다.

징용자 문제의 해법을 모색 중인 정부가 2022년 12월 6일 한일 관계에 조예가 있는 원로 인사들에게 의견을 들었다.(외교부)

박진 장관은 한일 관계 추진 방향성과 현안 해결 방향에 대해 참석자들의 의견을 듣고, 한일 관계 개선을 위한 이해와 지지를 당부했다. 참석자들은 한일 간 협력의 중요성 및 정부의 대일 정책 방향성에 공감을 표하고 정부의 한일 관계 개선 노력을 평가했으며, 한일 간 조속한 현안 해결 및 관계 개선 필요성을 강조했다고 외교부는 전했다.

4차례에 걸친 민관협회의를 통해서 고려해 볼 수 있는 의견들이 거의 다 도출됐다고 생각한 외교부가 각계각층의 의견을 좀 더 폭넓게 수렴하는 과정으로 이 현인회의를 가졌다. 박진 장관이 "앞으로 공청회 등을 포함해 보다 확장된 형태의 의견 수렴을 어떻게 해 나갈지는 계속 검토 중"이라고 말했다.

이즈음 의견 수렴과 관련해 해프닝이 발생한다. 12월 7일 국립외교원과 세종연구소가 공동 주최하는 '한일 관계 개선을 위한 민관대토론회'가 14일에 열린다는 보도가 전해졌다. 1세션에서는 '강제징용 문제의 해법과 방향', 2세션에서는 '한일 협력의 과제: 안보와 경제 협력'에 관한 주제 발표와 토론이 진행된다. 민관협의회에 참여했던 세종연구소 진창수 교수는 논의의 장을 확대하여 소수 인원으로 구성되었던 민관협의회에서 도출된 병존적 채무인수안도 검토해보면서 더 바람직한 방향을 모색해보고자 했다. 일각에선 이 토론회가 징용자 문제 해법 도출을 위한 정부 차원의 의견 수렴 절차 가운데 하나라는 관측이 제기됐다. 그러나 얼마 후 외교부의 요청으로 이 회의는 취소됐다. 주최 측 관계자는 "외교부에서 토론회를 미뤘으면 좋겠다는 의견을 줬다"며 연기 배경을 설명했다. 일본 정부와 한창 논의하고 있는 강제동원 해법과 관련해 일본 측을 자극하는 발언이라도 나온다면 외교적 부담이 가중된다는 게 정부의 판단인 것으로 전해졌다.

민관대토론회를 미뤄달라고 요청한 이유와 관련하여 외교부 당국자는 "외교부 산하 기관인 국립외교원이 함께 준비한 행사인데 그간 여러분이 많이 기다려왔던 외교부 주관의 '외연을 확장한 공개 토론회'로 오인할 수 있겠다 싶었다"며, "그동안 말씀드린 공개 토론회를 우리가 개최 공지를 하려고 한 상황이었다"고 설명했다. 당국자는 "우리가 그런 거(한일 관련 토론회)를 다 연기하라고 하지 않는다"며 "국립외교원이 참여하면 정부가 하는 걸로 오인할까 봐 그런 차원에서 그런 것"이라고 재차 강조했다. 그러면서 정부는 한일 관계 최대 현안인 강제징용 피해자 배상 해법 마련을 위해 일반인도 모두 참여할 수 있는 공개 토론회를 조만간 개최하겠다고 밝혔다.

공개 토론회는 "최소 열흘 전 사전 공지를 통해 강제징용 소송과 관련이 없어도 관심 있는 모든 분이 와서 들으실 수 있게끔 준비 중"이라며 "형식, 토론회 주최, 방식, 장소 등을 다 고려하고 있다"고 설명했다. 외교부는 그간 강제징용 배상 해법 마련을 위한 국내 의견 수렴 과정과 일본과의 협상 경위에 대해 설명한 뒤 발제, 토론, 방청객 질의 등의 순서로 공개 토론회를 준비할 가능성이 큰 것으로 알려졌다.

이렇듯 외교부는 연내에 성과를 도출하려고 노력을 경주하고 있었다. 그러나 교착 상태를 돌파하지 못하고 해가 바뀌고 있었다. 너무도 길게 느껴지는 교착 상태가 지속되고 있었다.

9장 공개 토론회의 아우성

공개 토론회가 열리다

　기대하던 연내 타결은 없었고 2023년이 밝았다. 일본의 호응을 얻어 순조롭게 진행하려던 외교부는 난관에 봉착했다. 그렇다고 이대로 좌초하여 문재인 정부 때로 회군할 수도 없는 노릇이었다. 관련자 모두를 포함하여 국민 전체에게 지금까지의 국내 논의와 일본과의 협상 내용을 공론화하여 돌파를 시도했다. 정진석 한일의원연맹 회장이 나섰다. 정진석 의원실과 외교부가 공동 주최하는 공개 토론회가 열렸다.
　외교부는 민관협의회의 결과를 가지고 일본의 호응을 요청하고 있었고, 피해자 측은 일본의 조건 수락 없는 병존적 채무인수안에 반대하고 있는 상황에서 외교부는 공개 토론회에서 무엇을 기대할 수 있었을까? 이중의 목적이 있었을 것이다.
　한편으로 병존적 채무인수안을 피해자를 포함한 국민 전체에게 정식으로 공개함으로써 국민의 반응을 살피고, 2차 민관협의회 이후 중단된 피해자 측과 다시 공개적 소통을 시도하여 절차적 정당성과 명분을 확보하려는 의도를 갖고 있었을 것이다. 다른 한편으로 호응하지 않는 일본에 대해 예상되는 국내 반발을 이용하여 일본의 호응을 압박하는 수단으로 사용하려는 의도를 갖고 있었다고 보여진다.
　이런 이중의 목적을 갖고 2023년 1월 12일 국회 의원회관에서 공개 토론회가 개최되었다. 단상에는 좌장과 두 명의 발제자 그리고 8명의 패널이 앉아 있었고, 넓은 회의장의 앞부분에는 피해자와 유족 및 지원단체 그리고 관련자들이 자리를 메우고 있었다. 언론사의 수많은 카메라가 회의장의 모습을 촬영하고 있었다.

외교부는 2023년 1월 12일 국회 의원회관에서 강제징용 해법 논의를 위한 공개토론회를 개최했다.(뉴스1)

공개 토론회에서는 새로운 내용이 나올 것이 없었다. 핵심적인 내용은 이미 거의 다 언론을 통해 공개되었기 때문이다. 어떻게 보면 각본에 따라 출연진들이 연기하는 장이었다. 각자는 자신에게 주어진 역할을 수행하고 있었다.

정진석 한일의원연맹 회장의 개회사와 조현동 외교부 차관의 인사말에 이어 발제자의 보고가 있었다. 우선 서민정 아태국장이 그간의 경과를 보고했고, 이어서 심규선 일제강제동원피해자지원재단의 심규선 이사장이 사업 진행을 보고했다. 특별히 새로울 것이 없는 내용이었다. 여전히 긴장감은 돌고 있었지만, 장내의 청중들은 차분히 경청하고 있었다.

패널의 발언은 피해자 측부터 시작했다. 민족문제연구소 김영환 대

외협력실장, 법률 대리인 임재성 변호사, 일제강제동원피해자지원재단 한문수 이사가 피해자 측 입장을 말했다. 다음은 전문가 발언의 차례였다. 좌장이 먼저 나를 지명했다.

나에게 주어진 시간은 5분 정도로 그다지 길지 않은 시간이었다. 나도 나에게 주어진 배역을 적절히 소화하면 되었다. 징용자 문제에 대한 정부의 방향성을 말하고, 피해자의 입장을 고려하며 정부와 피해자 측의 갈등을 원만히 좁혀보자는 발언을 하면 되었다. 다시 말해 외교부와 피해자 사이에서 적당히 줄타기하면서 발언의 수위를 조절하며 주어진 시간을 무난히 보내는 것이 나에게 맡겨진 소임이었을 것이다.

지적 용기로 발언하다

패널에 섭외된 이후 나는 많은 생각을 했다. 2015년경 내가 처음으로 현대 한일 문제에 본격적인 관심을 갖고 활동을 시작하면서 당시에 이르기까지를 복기해보기도 했다. 위안부 합의가 뇌리를 떠나지 않았던 일, 징용자 문제의 해법으로 문희상안에 관여한 일, 민관협의회에 참석하여 병존적 채무인수안으로 정리되는 과정, 피해자의 주장과 호응 없는 일본과의 사이에 지속되는 교착 상태 속에서 돌파구를 마련하고자 노력했던 순간들이 있었다. 복기를 하면서 문희상안에 대한 애착과 미련을 갖고 있는 나를 확인할 수 있었다.

공개 토론회의 단상에서 나는 무엇을 말해야 하는가? 무엇을 말할 수 있는가? 좀처럼 가닥이 잡히지 않았다. 그리고 마침내 결론에 도달했다. 나는 마음 속에서 문희상안을 단념했다. 여야 합의는 불가능하고, 피해자 측은 교조적이고, 일본의 호응은 무망한 상황에서 더 이상 문희상안에 미련을 두는 것은 집착에 불과하다는 결론에 도달했다. 그렇다면 현실적으로 가능한 것은 무엇인가? 4월 5일 발신한 첫 번째 칼럼의 한 구절이 떠올랐다. "친일파 몰이에 휩싸이기를 꺼려하는 방관적 지식인"을 통렬히 질타하던 나의 모습이 떠올랐다. 공개 토론회의 단상에서 적당히 주어진 연기를 하고 만다면 2015년 현실의 장에 나올 때 가졌던 명분은 어디로 가는가. 나는 작심했다. 지금은 바람직한 것이 아니라 현실적으로 가능한 것을 찾아 적극적으로 발언해야 한다. 이렇게 생각한 나는 차분히 공개 토론회 개최의 의미를 곰곰이 생각해보았다.

정부는 병존적 채무인수안을 신속하게 추진할 의도를 갖고 있다. 그러나 피해자 측은 자신들이 내세운 조건에서 추호도 물러설 의향이 없고, 일본은 한국 정부의 구애에 눈길조차 주지 않고 있다. 문재인 정부의 무위로 문희상안이 좌초했지만 지금 더 우려되는 것은 윤석열 정부의 무위로 병존적 채무인수안이 좌초되는 것이었다. 또다시 원리주의에 포획되어 병존적 채무인수안이 철회되서는 안 된다고 생각했다. 한 걸음이라도 전진해야 한다. 적어도 나에게 있어서 공개 토론회는 앞으로 전진하느냐 과거로 후퇴하느냐의 갈림길에 선 것이라는 의미로 다가왔다. 나는 전진을 위한 발언을 주저해서는 안 된다고 판단했다. 공개 토론회 당시의 나의 발언의 주요 부분을 발췌한다.

> 저는 학자입니다. 이 자리는 정부 측과 피해자 측이 서로 갈등을 좁히는 장이 되어야만 한다는 생각밖에 갖고 있지 않습니다. 저는 무거운 책임감을 가지고 제가 갖고 있는 지식과 양심에 따라서만 말씀을 드리도록 하겠습니다.

세 가지 말씀을 드리도록 하겠습니다. 첫째, 이 공개 토론회가 무엇인가 하는, 이 공개 토론회(의 의미)에 대해서 말씀을 드리도록 하겠습니다. 대한민국 정부는 피해자의 입장을 위해서 일본에 (사죄와 기금 참여를) 강하게 요청을 해왔습니다. (중략) 그럼에도 불구하고 일본은 성의 있는 호응을 지금까지 하지 않았다는 사실입니다. 이 자리는 일본 측을 설득하는 것이 아니라, 이제는 한국의 피해자들을 설득하겠다는 국면 전환의 장이라는 것이 제 판단입니다.

(방청석에서 큰 소리가 나온다. 잠간씩 중단함)

저는 지식과 양심에 따라서 말씀드립니다. 병존적 채무인수는 하나의 해법이 될 수 있다고 판단합니다.

(방청석의 큰소리. "그게 말이 되나.")

두 번째 (드릴 말씀)입니다.

이 해법이 결실을 보기 위해서는 충분한 여건이 마련되어야 한다는 것입니다. 우리가 잘 알고 있는 투 트랙이라는 것을 가지고 말씀드리겠습니다. 이번 정부에 들어서 일본에 들인 노력의 결과 투 트랙 중 한쪽 바퀴는 분명하게 작동하고 있습니다. 문제는 다른 한쪽 바퀴인 역사 문제입니다. 제가 말씀드리고 싶은 것은 이 역사의 수레바퀴는 조급하게 성급하게 서둘러서는 안 된다는 것입니다. 분명한 것은 우리는 알고 있어야만 합니다. 대한민국의 최고 통치권자인 대통령이 요청했어도 일본은 호응하지 않고 있습니다. 이제 일본의 사죄와 기금 참여와 같은 것에 대해서는 기대를 가져서는 안 됩니다.

(아우성, 중단, 좌장 30초 정도로 마무리 요청)

분명한 사실은 오늘의 이 자리가 일회성 요식 행위로써 끝나서는 안 된다는 사실입니다. 정부 측에 말씀드리도록 하겠습니다.

9월에 민관협의회가 끝나고 나서 4개월이 지났습니다. (호응을 얻기 위해)일본을 설득하기 위해서 그 정도의 시간을 들였습니다. 그러면 이제 정부는 국내의 피해자들에게 그 정도에 상응하는 설득의 시간을 가져야 합니다. 오늘 이 일회성 행사로써 마무리를 짓고 앞으로 가려고 하는 생각은 하지 말아 주시기를 부탁드립니다. 이러한 (설득의) 과정을 겪지 않고서는 이 문제를 넘어설 수 없습니다.

(더 큰 아우성, 중단, 좌장 장내의 정숙을 요청)

역사는 도도하게 흘러갑니다. 대한민국은 세계의 중심 국가를 향해서 도도하게 흘러갑니다. 그 과정 속에서 아픔과 충돌은 있습니다. 그러나 우리는 그것을 넘어서야만 합니다. 그것을 넘어서는 가장 중요한 것은 사실입니다. 사실을 정확하게 짚고 그 바탕 위에서 우리는 앞으로 전진해야 합니다. 제가 학자로서 지식과 양심을 가지고 말씀드리겠습니다. 병존적 채무인수는 하나의 해법이 될 수 있습니다. 그러나 그 해법을 (실현시키기) 위해서 정부는 더 많은 노력을 해 주시기를 당부드리겠습니다. 오늘 이 자리는 결코 종착점이 아닙니다. 첫 번째 회의입니다. 두 번째, 세 번째 더 많은 시간을 들여서 결실을 향해서 나아가주시기를 당부드립니다. 이것이 대한민국을 위한 길이라고 생각합니다. 감사합니다.

무거운 책임의식 때문이었는지 처음부터 나의 발언에 힘이 들어가 있었다. 청중들의 반응이 강렬해짐에 따라 나의 발언에도 점차 힘이 실려갔다. 세 번째 할 말은 정부가 피해자와 국민을 설득하기 위해서 무엇을 해야 하는지 구체적인 내용을 말하려고 했으나 말하지 못하고 서둘러 마쳐야만 했다. 후일 중앙일보 칼럼으로 발신했다.

이날 나는 학자로서 "양심과 지식에 따라" 내가 알고 있는 사실을 발언했다. "일본의 사죄와 기금 참여와 같은 것에 대해서는 기대를 가져서는 안 됩니다"라는 발언에 이르러 장내에 미묘하게 흐르던 긴장감이 폭발했다. 아우성이 쏟아져 나왔다.

"친일파!" "매국노!"

나는 피해자의 입장에 선 사람들에게 말하고 있었다. 문재인 정부 때처럼 윤석열 정부를 포획하려고 하지 마라. 당신들의 포획 시도는 달성되어서도 될 수도 없다. 윤 정부는 당신들이 주장하는 조건을 충족시키기 위해 무진 애를 썼다. 그 과정을 숨기지도 않았고, 당신들과의 소통에도 외교부가 할 수 있는 범위 안에서 할 만큼 했다. 징용자 문제는 위안부 문제와는 달리 한국이 불리한 승부를 하고 있다. 그렇다면 당신들도 멈춰야 한다. 역사의 수레바퀴가 돌아가도록 당신들도 절제해야 한다. 나는 이런 생각으로 발언했다.

한참 아우성이 빗발친 후 다시 입을 열었다.

"역사는 도도하게 흘러갑니다."

이 말은 원래 준비한 말이 아니었다. 제3자 변제안보다 더 좋은 문희상안의 실현이 멀어진 것에 대한 아쉬움, 그럼에도 불구하고 제3자 변제안이라는 다른 길을 통해서 게다가 혹독한 진통을 겪으면서도 화해를 향해 역사는 진행된다는 느낌이, 아우성이 빗발치는 장면을 바라보면서 온몸으로 감지한 그 느낌이 말로 표출된 것이다. 지금 당장은 내가 바라던 대로가 아니고 피해자가 원하는 대로가 아닐지라도, 공개 토론회의 아우성으로 둑이 터져버려 포용의 물결이 흐르기 시작했고, 앞으로 그 물결은 도도히 흘러갈 것이리라.

패널의 발언이 모두 끝나고 방청석에서 발언할 기회가 주어지자 회의장은 난장판이 되었다. 누군가가 '사이코페스!'라고 했다. 나의 발언을 향한 비난이었을 것이다. 더 이상 회의가 이어지기 어려웠다. 사회자가 서둘러 회의를 마무리했다. 실시간 방송을 타고 공개 토론회의 장면이 그대로 송출되었다. 이후 보도를 접한 지인들이 걱정과 우려를 보내왔다. '뭐 하러 그렇게까지 말했냐, 적당히 하면 되지.' 그래도 나의 발언에 후회는 없다.

토론회 당일 노컷뉴스에 "사실 정부의 유력한 해법도 '병존적 채무인수'라는 법 기술이 추가된 것 외에는 전혀 새롭지 않다. 오히려 과거에 비판 받았던 '문희상안'보다도 후퇴한 것이다", 다음날 한국일보에 "2019년 문희상 당시 국회의장이 발의한 일명 '문희상안'보다도 후퇴한 셈이다"라는 병존적 채무인수를 비판적으로 보는 기사가 실렸다. 피해자 측에서도 유사한 취지의 말을 했다. 이제 와서 '문희상안보다 후퇴했다'라니, 어처구니 없는 무책임한 말들!

제3자 변제라는 용어의 등장

여기서 잠시 징용자 문제의 해법으로 정부가 마련한 안의 명칭에 관해 설명하고 넘어가자. 나는 공개 토론회에서 정부안을 병존적 채무인수라고 말했다. 4차 민관협의회에서 외교부가 병존적 채무인수라는 명칭으로 방안을 정리했다고 나는 이해했고, 따라서 나는 4차 협의회 이후 공개 토론회가 열리는 날까지 그 명칭을 계속 사용해왔다. 공개 토론회가 끝나고도 마찬가지였다. 그런데 공개 토론회에서 서민정 국장은 민관협의회에서 마련한 안이 '제3자 변제'라고 설명했다. 이날 서 국장은 민관협의회에서의 논의 내용을 설명하면서 다음과 같이 정리했다.

> 순수하게 법적 측면에서 볼 때 민사 사건으로서 채권·채무 이행의 관점에서 이 판결금은 '법정 채권'으로 피고인 일본 기업 대신 제3자가 변제

가능하다는 점이 검토됐습니다. 바꿔 말하면, 우리 피해자 분들이 판결금을 제3자로부터 받는 것에도 문제가 없다는 이야기입니다.

이어서 그는 "민간협의회에서 그 법리로써 소위 제3자 변제 그리고 중첩적 채무인수 방안 등이 논의되었"지만, "검토를 거듭할수록 핵심은 어떤 법리를 택하느냐보다 피해자들이 제3자를 통해서도 우선 판결금을 받으실 수 있다는 점이라고 생각했다"고 말했다. 그리고 공개 토론회에서 서 국장이 말한 제3자 변제가 이후 3월 6일 박진 장관으로부터 한국 정부의 최종안으로 발표되었다.

그렇다면 병존적 채무인수와 제3자 변제는 무엇이 다른가? 서 국장이 "어떤 법리를 택하느냐보다 피해자들이 제3자를 통해서도 우선 판결금을 받으실 수 있다는 점"이 핵심이라고 말하고 넘어간 부분을 공개 토론회에 패널로 참가한 최우균 변호사가 설명했다. 민법 제469조에 따라 논리적으로는 제3자의 재산으로 일본 기업을 대신해 변제할 수 있지만, 이 조항에는 '당사자의 의사 표시로 제3자 변제를 허용하지 않을 때는 그러하지 아니한다'고 돼 있다. 채권자가 제3자 변제를 원하지 않으면 변제할 수 없는 것이다.

다만 최 변호사는 "민법 규정은 기본적으로 당사자 간에 사적 원칙이 적용돼 당사자의 의사 표시가 중요하지만, 본건은 대법원 확정 판결로 채권이 발생한 것이기 때문에 논란의 여지가 있다"고 설명했다. 이어서 그는 현재까지 판례가 확립되지는 않았지만 학계에 의하면, 대법원 확정 판결로 발생된 채권은 '약정 채권'이 아닌 '법정 채권'이기 때문에 당사자가 채권 추심을 반대하더라도 제3자가 변제할 수 있다는 논리가 있다고 설명했다. 앞서 서 국장이 언급한 법정 채권의 의미를 최 변호사가 설명했던 것이다.

이제 일반인에게는 복잡하고 어렵게 보이는 이 부분을 간단히 정리해보자. 민관협의회에서 처음 논의된 것은 대위변제였다. 그런데 피해자 측이 피고 기업의 사죄와 기금 참여라는 동의 조건을 제시하자, 외교부는 일본에 호응을 요구했다. 그러나 일본의 호응이 없자, 외교부는 원고의 동의를 구하기 어렵다고 판단하고, 동의 없이 변제가 가능한 병존적 채무인수안을 민관협의회에서 검토했다. 그러나 병존적 채무인수는 일본의 채무가 있다는 것을 명시하는 명칭이기에 일본이 수용하기 어렵다고 판단하고 외교부는 최종적으로 법정 채권이라는 논리를 가지고 원고의 반대가 있더라도 제3자 변제가 가능하다는 결론에 도달했던 것이다. 한편 나는 공개 토론회 당일은 물론 그 후에도 여전히 병존적 채무인수라는 용어를 사용하고 있었다.

사용된 용어가 무엇이든 여기까지 도달한 과정을 살펴보면서 나는 이 문제는 법리로 말끔하게 해소될 수 없다는 생각을 하게 되었다. 비록 표면적으로는 징용자 문제를 해결하기 위해 법리가 동원되고 있지만, 본질은 '정치적 행위'였다.

피해자 의식을 논하다

1월 31일 고려대학교 정경관 후문 게시판에 「범죄자의 사죄를 기대하지 말라며 범죄자를 옹호해주는 교수님이 고대인으로 너무 부끄럽습니다」라는 제목의 대자보가 붙었다. 정경관은 내가 속한 건물이어서 늘 지나는 곳이다. 대형 게시물 두 장이 나란히 붙었다. 정치외교학과 학생이 무명으로 쓴 글이다. 방학 기간이라 다른 게시물도 별로 없고 해서 눈에 잘 띄었다. 1980년 정경대학에 입학 이후 처음으로 나의 실명이 거론된 대자보였다. 꼼꼼히 읽어보았다. 사진도 찍었다. 교내에서 가끔 마주치는 지인들이 대자보에 관해 말을 해왔지만, 학내에 거의 반응이 없었다. 상당한 시일이 지난 후 대자보는 사라졌다.

2023년 1월 31일 고려대학교 정경대학 후문에 게시된 대자보.(박홍규)

평온한 2월의 겨울 방학이 지나가고 있었다. 여전히 공개 토론회의 장면이 뇌리를 떠나지 않았다. 내가 매국노인가, 친일파인가, 사이코패스인가? 도대체 왜 아직도 이런 일들이 벌어지고 있는 것인가? 도대체 대한민국의 이런 상태는 무엇인가? 공개 토론회의 아우성을 통해 드러난 이런 문제에 대해 뭔가 답을 해야 했다. 마침 3.1절이 다가오고 있었다. 그 답을 3.1절과 관련해 2월 20일 여섯 번째 칼럼에서 발신했다.

3·1 독립선언서의 포용 정신, 지금 되레 새롭다

1919년 3월 1일 만해 한용운은 민족 대표들이 모인 서울 종로구 인사동 태화관에서 "우리는 오늘 조선이 독립국이며, 조선인이 자주민임을 선언하노라"로 시작하는 3·1 독립선언서를 낭독했다. 이 선언을 통해 인류 평등의 대의를 밝히고, 민족자존의 정당한 권리를 영원히 누릴 것을 천명했다.

한용운은 이어 침략주의와 강권주의에 희생돼 10년 동안 받아온 참담한 고통과 아픔을 토로했다. "우리 스스로 살아갈 권리를 빼앗긴 고통은 헤아릴 수 없으며, 정신을 발달시킬 기회가 가로막힌 아픔이 얼마인가. 민족의 존엄함에 상처받은 아픔 또한 얼마이며, 새로운 기술과 독창성으로 세계 문화에 기여할 기회를 잃은 것이 얼마인가."

그런데도 선언서에 서명한 민족 대표들은 일본이 강화도조약 이후 수시로 조선과의 약속을 어긴 것을 비난하지 않았으며, 땅을 빼앗고, 문화 민족을 야만인처럼 대하고, 훌륭한 심성을 무시한 일본의 옳지 못한 행위도 책망하지 않았다. 그러한 일본에 대한 조선의 입장을 분명히 밝히고 있다.

"스스로를 채찍질하기에도 바쁜 우리에게는 남을 원망할 여유가 없다. 우리는 지금의 잘못을 바로잡기에도 급해서, 과거의 잘잘못을 따질 여유도 없다. 지금 우리가 할 일은 우리 자신을 바로 세우는 것이지 남을 파괴하는 것이 아니다. 양심이 시키는 대로 우리의 새로운 운명을 만들어 가는 것이지 결코 오랜 원한과 한순간의 감정으로 남을 시기하여 배척하는 것이 아니다."

상처받은 2000만 민중의 아픔을 강인한 의지로 감내하며 일본을 원망하고 배척하는 대신, 오히려 진정한 이해와 공감을 바탕으로 일본과 더불어 사이좋은 새 세상을 열자고 했다. 그것은 독립한 조선이 일본·중국과 함께 동양 평화, 세계 평화, 인류 행복을 실현한 세상이었다.

"오늘 우리 조선의 독립은 조선인이 정당한 번영을 이루게 하는 것인 동시에, 일본이 잘못된 길에서 빠져나와 동양에 대한 중책을 다하게 하는 것이다. 또 중국이 일본에 땅을 빼앗길 것이라는 불안과 두려움으로부터 벗어나게 하는 것이며, 세계 평화와 인류 행복의 중요한 부분인 동양 평화를 이룰 발판을 마련하는 것이다."

한용운은 앞으로 결코 배타적 감정으로 함부로 행동하지 말 것을 강조하며 선언서를 마무리했다. 피해 당사자인 민족 대표 33인은 가해자 일본을 배제하지 않았다. 오히려 일본을 포용하고 함께 더 나은 미래로 나아가고자 했다. 이러한 포용의 논리가 당시 그들이 신봉한 천도교·기독교·불교 사상과 연관되는 논리 구조는 각각 달랐을 것이다. 그들 중에는 포용론에 찬동하지 않는 사람도 있었을지 모른다. 그러나 그들 모두는 "반만년 역사의 권위에 의지하고", "이천만 민중의 정성을 모아" 포용론적 선언서를 만들어냈다. 조선 지성 33인은 이 선언서에 역사 공동체의 문화적 역량을 고스란히 담아냈다. 조선 건국 4252년 3월 1일은 '문화 지성'이 모습을 드러낸 날이었다.

현재 대한민국은 역사 문제로 인해 일본과 심각한 갈등 상황에 빠져 있다. 전임 문재인 정부에서 위안부 합의가 유명무실해지고 징용자 문제가 전면에 떠올랐다. 강제동원 피해자들이 제기한 소송에 대법원이 원고 승소 판결을 내리면서 본격화한 징용자 문제는 법적 차원을 넘어 정치·외교·경제·군사·안보의 영역으로 갈등이 확산되었다.

그 사이에 정치가는 죽창가를 소환했고 시민사회는 일본 제품 불매 운동으로 호응했다. 한일 서로가 반일과 혐한 의식에 사로잡혀 정면충돌하는 상황은 흡사 전쟁 상태를 방불케 했다. 구원(舊怨)을 상기시켜 분노의 감정에 불을 댕기고, 타오른 분노는 상대의 상처를 후벼파며 적대감을 증폭시켰다. 서로가 입은 상처는 컸다. 오늘날의 파생적 상처가 지난날의 본원적 상처보다 더 아프고 치유하기 힘들게 느껴진다.

역사 갈등의 근원이 되는 것은 피해자 의식이다. 일본으로부터 직접적인 피해를 본 당사자와 그 유족들은 원초적 피해자 의식을 갖고 있다. 그리고 당사자의 피해자 의식이 해소되지 않고 후세로 상속될 때 역사 갈등은 장기화한다. 나아가 피해 당사자에 대한 공감도가 높아져 본인의 피해자 의식이 신념화하면 역사 갈등을 심화시키는 요인으로 작용한다.

한편 피해 상속인임을 의식적으로 부정하지 않는 한, 대한민국 국민은 당사자의 피해자 의식에 공감하지 않는다고 표명하기 어렵다. 당사자의 상처와 고통을 부정하거나 그에 공감하지 못하는 사람은 국민이 아님을 증명하는 것 같은 분위기를 조성하는 것이 국민 정서다. 따라서 식민지 시대 친일파의 직접적 후예는 물론이고, 정부 수립 이후 일본과 관련하여 이익을 얻은 자들, 그리고 민주화 운동에 대한 부채 의식을 가진 사람들은 국민 정서의 망으로부터 벗어나기 어렵다.

국민 정서에 기반을 둔 피해자 의식이 밖으로 향하여 해소되지 못할 때, 가해자에 대한 분노는 더욱 커지고 갈등은 한층 심화한다. 한편 안으로 향하여 피해자의 상처에 공감하지 않거나 자신들의 주장에 동조하지 않는 사람에 대한 배제의 심리가 강해질 때, 그들을 비난하는 극단적 용어가 사용되기도 한다. 이는 식민지 경험이 남겨 놓은 부정적 유산으로 피해자 의식에 기인하는 이러한 집단 트라우마에서 벗어나지 못하는 한 결코 미래로 향하지 못한다.

지난 1월 12일 징용자 문제 해법을 모색하기 위한 공개 토론회가 열렸다. 국익론에 기반해 한미일 삼각 협조체제를 구축하려는 윤석열 정부는 병존적 채무인수라는 방안을 공론화했지만, 피해자 측은 피해자의 상처와 아픔을 돌보지 않고 가해자에게 면죄부를 주는 것에 불과하다고 반발했다.

결국 공개 토론회는 파행했고, 이후 피해자 측은 장내·외 행사를 이어가며 반발 수위를 높여가고 있다. 앞으로 일본과 협상이 타결되어 병존적 채무인수가 시행된다고 해도 일부 피해자는 끝까지 수용하지 않고 자신들의 주장을 관철해갈 것으로 보인다. 이렇듯 공개 토론회를 거치면서 치유론을 동반하지 않은 국익론만으로는 역사 화해의 길이 멀고도 험하다는 사실을 보여주었다.

여기서 나는 우리가 진정 독립을 이루었는가를 묻게 된다. 해방 이후 일찌감치 주권 국가로서 정치적 독립을 이루었고, 지금은 세계 10대 경제 강국으로 발전하여 경제적 독립도 이루었다. 그러나 우리 국민이 식민 지배가 남겨놓은 정신적 트라우마에서 벗어나지 못하는 한, 진정한 독립에 도달했다고 보기 어렵다.

그렇다면 정신적 독립은 어떻게 이룰 수 있겠는가? 분명한 것은 정신적 독립이 결코 일본으로부터 얻을 수 있는 것이 아니라는 점이다. 그것은 우리 스스로 상처를 치유하며 도달해야 하는 경지다. 그러기 위해서는 자신에 대해 높은 자존감을 갖는 동시에 상대를 배제하지 않고 받아들일 수 있는 심적 공간을 마련하고, 기존 세계관을 넘어서는 지적 용기가 요구된다.

1919년 엄혹한 상황에서도 조선 지성 33인은 감정에 사로잡혀 일본을 배제하지 않았다. 그들은 낡은 시대의 유물인 침략주의와 강권주의가 지배하는 세계관을 벗어나 인도주의와 정의가 실현되는 대안 세계를 제시하며, 일본을 포용하는 지적 용기를 발휘했다. 찬란한 문화 지성의 등불 아래 그들이 먼저 일본을 향해 팔을 벌렸고, 그 결과 무단 통치에서 문화 통치로의 전환을 끌어냈다.

역사 갈등을 심하게 겪은 유럽의 경우 기독교라는 종교적 신념이 피해자 의식을 극복하고 역사 화해를 이루는 굳건한 길잡이가 될 수 있었다. 그러나 지금의 우리에게는 어느 하나의 종교적 신념, 철학적 원리, 정치적 이념, 도덕적 정의로부터 역사 화해를 이끌어갈 길잡이를 기대하기 어렵다. 그렇다면 33인의 지성이 독립선언서를 만들어냈던 지혜를 살려 이 시대의 문화 지성을 도출할 산실을 마련하는 것은 어떨까. 대통령 혹은 총리 산하에 '한일 화해위원회'를 설치하고, 거기서 유구한 역사 공동체 대한민국에 온축되어온 문화 지성의 등불을 밝혀보기를 권한다.

3·1절이 104주년을 맞이한다. 우리 함께 포용론의 관점에서 독립선언서를 읽어보자. 그리고 정신적 트라우마를 털어버리고 온 국민이 소리 높여 만세 삼창을 불러보자. "대한 정치 독립 만세~" "대한 경제 독립 만세~" "대한 정신 독립 만세~."

이 칼럼에서 공개 토론회에서 터져나온 아우성을 설명하기 위해 '피해자 의식'이라는 개념을 사용했다. 피해자 의식이 국민 정서로 똬리를 틀게 되면 집단 트라우마로 작용한다고 보았다. 일본을 마주하고 드러나는 한국인의 정신 상태가 여실히 드러난 것이 공개 토론회에서의 '친일파', '매국노', '사이코페스'와 같은 극단적 용어였다. 그 자리에서 나는 지성의 파탄을 보았다. 일제 식민 통치가 남겨놓은 이 처참한 잔재를 벗어나지 못한다면 진정한 독립에 도달하지 못한다고 보았다. 분명 이런 상태를 만든 데에는 일본의 책임이 있다. 그러나 지금 시점에서 이 상태를 벗어나는 것은 결코 일본으로부터 주어지지 않는다.

구원은 일본에서 오지 않는다. 우리 스스로 자력으로 구원의 길을 열어야 한다. 앞서 나는 이것을 제3 명제로 설정했다. 그러기 위해서는 지성을 회복하고 지적 용기를 발휘해야 한다. 1919년 그 엄혹한 상황에서 독립선언서에 담아낸 그 문화 지성을 오늘 우리도 발휘해야 하지 않겠는가!

10장 윤석열의 포용적 결단

정치적 결단을 내리다

2023년 3월 1일 윤 대통령의 3.1절 기념사가 전해졌다. 길지 않은 문장이고 전하는 메시지는 간결했다. 핵심 내용이 담겨진 세 문단의 육성을 들어보자.

> 지금의 세계적 복합 위기, 북핵 위협을 비롯한 엄혹한 안보 상황, 그리고 우리 사회의 분절과 양극화의 위기를 어떻게 타개해 나갈 것인지 생각해봐야 합니다. 우리가 변화하는 세계사의 흐름을 제대로 읽지 못하고 미래를 준비하지 못한다면 과거의 불행이 반복되게 될 것은 자명합니다.
>
> 3.1운동 이후 한 세기가 지난 지금 일본은 과거 군국주의 침략자에서 우리와 보편적 가치를 공유하고 안보와 경제, 그리고 글로벌 어젠다에서 협력하는 파트너가 되었습니다. 특히, 복합 위기와 심각한 북핵 위협 등 안보 위기를 극복하기 위한 한미일 3자 협력이 그 어느 때보다 중요해졌습니다.
>
> 우리는 보편적 가치를 공유하는 국가들과 연대하고 협력해서 우리와 세계시민의 자유 확대와 공동 번영에 책임 있는 기여를 해야 합니다.

요컨대 세계적 위기 상황에 대응하기 위해서는 한미일 3자 협력이 중요해진 지금, 지난날의 군국주의 일본은 이제 우리와 보편적 가치를 공유하는 파트너가 되었으니, 일본과 연대하고 협력하며 세계 번영에 기여해야 한다는 것이다. 명시적으로 징용자 문제에 대한 해법을 언급하지는 않았지만 일본과의 관계 개선이 필요함을 어필했다. 국익론에 기반한 이 경축사 역시 지난해 광복절 경축사와 그다지 변한 게 없이 밋밋하다.

공개 토론회라는 형식적 소통 절차를 거친 외교부는 마지막 국면에 다달았다. 최종 결단을 앞에 두고 정부 내에서는 의견 대립이 있었을 것이다. 한편에서는 해법의 내용과 시기가 충분히 무르익었으니 결단을 내려야 한다는 과감한 입장이 있었을 것이고, 다른 한편에서는 국내 여건이 성숙하지 않아 자칫 역풍을 초래할 것이니 좀 더 정지 작업이 필요하다는 신중한 입장이 있었을 것이다.

마침내 윤 대통령이 승부수를 던졌다. 교착 상태를 돌파하기로 결단을 내렸다. 3월 6일 박진 장관이 제3자 변제안을 정부의 해법으로 공식 발표했다. 일제강제동원피해자지원재단이 대법원 확정 판결 원고들에게 판결금 및 지연 이자를 지급하고, 그 재원은 민간의 자발적 기여 등을 통해 마련한다는 것이다. 윤 대통령이 국익론에 기반하여 정치적 결단을 내리고는 현상 돌파를 시도했을 때, 박 장관은 반컵론의 수사를 사용하여 호응하지 않은 일본을 압박하며 국내 피해자와 국민을 향해 설득을 시도했다. 6일 정부안 발표를 마친 박 장관은 취재진과의 일문일답에서 정부가 내놓은 방안에 대해 일본 전범 기업의 배상 참여가 포함되지 않아 '반쪽짜리 해법'이라는 지적이 나오는데 대해 "동의하지 않는다"면서, "물컵에 비유하면 물컵에 물이 절반 이상은 찼다고 생각을 한다. 앞으로 이어질 일본의 성의 있는 호응에 따라서 그 물컵은 더 채워질 것으로 기대한다"고 말했다.

그러나 정부안 발표와 윤 대통령의 방일로 국론은 찬반으로 양분되었다. 방일 이후 박 장관은 양금덕·김성주·이춘식 등 생존 피해자들에게 정상회담의 내용을 설명하고 양해를 구하기 위해 면담을 예정했으나, 이미 정부안 발표 이후 제3자 변제안을 거부한다고 밝힌 피해자들의 거부로 면담은 취소되었다. 애초에 제3자 변제안은 치유나 화해와는 거리가 먼 방식이었다. 치유와 화해는 유보되고 관계 개선을 위한 선제적 결단이라는 형식만이 부각되었다.

공개 토론회에서 "이제 일본의 사죄와 기금 참여와 같은 것에 대해서는 기대를 가져서는 안 됩니다"라는 나의 발언대로 전개되고 있었다. 사죄는커녕 기금 참여도 없었다. 나는 그래도 이 결단으로 관계 개선의 돌파구를 연 것이 문제인 정부에서의 무위(無爲)보다 낫다고 판단했다. 따라서 그 결단을 평가하는 데 인색할 필요는 없다고 봤다. 그래서 나는 윤 대통령이 포용 철학을 갖고 있느냐와는 별개로, 내가 생각하는 치유를 동반한 포용론과는 다르지만 이 또한 '포용적 결단'이라고 표현했다.

일본의 품격을 묻다

정부가 제3자 변제안을 발표한 지 열흘 만인 3월 16일 윤 대통령은 전격적으로 일본을 방문하여 기시다 총리와 정상회담을 가졌다. 제3자 변제 결단에 흡족한 일본은 표정 관리를 하며 정치인도 언론인도 반발하는 한국 국민의 분노를 건드리지 않으려고 조심했다. 비록 공개 토론회에서 한 나 자신의 발언을 부정하거나 후회하는 것은 아니지만, 이런 일본을 바라보며 나는 마음이 무거웠다. 나는 윤 대통령의 결단의 의미가 무엇이고, 지금 이 상황에서 일본국과 일본인이 무엇을 해야 하는지를 준엄하게 물었다. 기시다 총리의 답방이 예상되는 만큼 그가 한국에 와서 무엇을 해야 하는지를 환기시켰다. 4월 21일 발신한 일곱 번째 칼럼은 비장함을 감추지 않았다.

일본인의 사람다움과 일본의 국가다움을 묻다

한국 정부가 징용자 문제 해법으로 제3자 변제안을 발표한 지 열흘 만인 지난달 16일 윤석열 대통령은 전격적으로 일본을 방문하여 한일 관계 정상화를 단행했다. 12년 만에 이루어진 양국 정상회담이었다. 방일 직후 거센 후폭풍이 몰아친 일대 사건이다. 정계·학계·시민사회가 찬반양론으로 갈라져 치열한 논쟁을 펼쳤고, 국민 여론의 반발 또한 거셌다. 그 와중에 국가안보실장이 교체되고 외교라인이 조정되었다. 봄철의 황사 현상처럼 뿌연 먼지에 휩싸인 이 사건의 본질과 의미는 무엇일까?

윤 대통령은 정상회담을 앞두고 일본 언론과의 인터뷰에서 제3자 변제가 "1965년 국교정상화 당시 합의, 2018년 한국 대법원 판결을 모두 충족시키기 위해 노력한 결과"라고 설명했다. 지난달 21일 국무회의 모두 발언에서도 언급한 이 말이 사건의 본질에 접근하는 통로가 된다.

우선 윤 대통령은 징용자 문제에 대한 일본의 주장을 인정하고 포용했다. 한국은 1965년 청구권 협정을 준수하여 이 문제에 관한 한 한국이 스스로 처리한다는 방침을 확정했다. 이와 동시에 윤 대통령은 대법원의 역사적인 판결을 존중하여 식민 지배의 불법성을 한국 정부가 견지할 원칙으로 천명했다.

이 두 가지는 일본을 상대로 한 외교 협상의 논제이기에 앞서 한국의 국가 정체성을 구성하는 사항이다. 거래를 통해 일본과 주고받는 성질의 것이 아니라 한국이 스스로 결정할 국가의 존재 이유(Raison d'État)에 해당한다.

윤 대통령은 방일에 앞서 일본 언론을 통해 이 점을 명백히 표명했다. "강제징용 문제 해결책은 한국 정부가 국익의 관점에서, 국민을 위해 대국적 차원에서 내린 결단이다." 국제법을 준수하고 국제규범을 선도하겠다는 최고 통치권자의 의지를 표출한 정치적 행위였다는 것이 이 사건의 본질이다.

이로써 대법원 판결로 야기된 법적 문제가 해소되고 한일 간 경제·안보 현안도 해결의 길로 들어섰다. 나아가 한미일 삼각 협조체제를 구축하는 로드맵도 그려졌다. 대통령이 다양한 측면을 고려하여 비장한 각오로 내린 선제적 결단을 평가하는 데 인색할 이유가 없다.

윤 대통령의 포용적 결단이 보여준 가장 큰 의미는 제3의 한일 역사 화해로 향하는 문을 열었다는 점에서 찾을 수 있다. 1965년의 국교정상화가 첫 번째 역사 화해였고, 1998년의 김대중-오부치 파트너십 선언이 두 번째 역사 화해였다면, 윤 대통령은 세 번째 역사 화해를 향한 출발선에 섰고, 동시에 기시다 총리를 출발선에 세웠다.

오는 5월 히로시마에서 개최되는 G7 이후, 기시다 총리의 답방이 있을 것이다. 한국 국민은 그가 무슨 말을 할지 기다리고 있다. 한국이 요청해온 성의 있는 호응을 기시다 총리가 결단한다면 역사 화해의 속도는 빨라질 것이다.

반면 진전된 표명 없이 그저 만찬을 즐기고 돌아간다면 윤 대통령의 결단은 빛이 바랠 것이고, 역사 화해는 시야에서 멀어질 것이다. 나는 현재로선 기시다 총리가 이번 답방에서 한국이 흔쾌히 납득할만한 호응의 표현을 하지 않을 것으로 본다. 그런 기시다 총리와 일본 국민에게 내 생각을 전하고 싶다.

일본은 윤 대통령이 열어놓은 역사 화해에 대한 답을 해야 한다. 그러기 위해서는 한국인이 일본에 무엇을 묻고 있는지 알아야 한다. 관계 개선을 바라는 많은 한국인은 지금 당장 식민 지배의 불법성을 인정하고, 청구권 협정에서 미진하게 처리된 사안에 대한 법적 책임을 지고, 그에 합당한 금전적 배상을 하라는 것이 아니다.

한국인의 마음 깊은 곳에는 일본의 식민 지배가 옳지 못했다는 역사적 부정의에 대한 의식이 새겨져 있다. 내선일체(內鮮一體)라는 미명 아래 조선의 정체성을 부정하고 자행한 죄악은 그 어떤 조약이나 협정, 사죄와 배상으로 지워지지도 덮어지지도 않는다. 그것 자체는 어떤 화해로도 용서될 수 있는 것이 아니다. 일본이라는 국가의 정체성 중의 일부를 구성하고 있고, 인류 공동체의 역사가 존재하는 한 일본이 짊어지고 가야 할 영원한 짐이다.

국제법의 그늘막에서 잠시 쉬어갈 수 있을지 모르나, 다른 누구도 이 짐을 덜어주지 않으며 흘러간 시간이 이 짐을 벗겨주지도 않을 것이다. 이것이 식민 지배가 남긴 피해자 의식에 기반하는 트라우마와는 다른, 한국인의 정신 세계에서 유래하는 국민 정서의 한 부분이다.

한국인은 이러한 의식에 일본인이 공감하는가를 묻고 있다. 나아가 이해를 표명하고 공감의 뜻을 전하는 것이 개인적으로는 사람다움의 표출이고 총리의 지위에서 나오는 국가다움의 표현이라고 한국인은 생각한다.

방한을 앞둔 기시다 총리에게 독일 총리 앙겔라 메르켈의 사고와 행위는 시사하는 바가 있을 것이다. 2008년 메르켈은 예루살렘에 있는 크네셋(Knesset·이스라엘 국회)에서 독일 총리로서는 처음으로 연설했다. 여섯 명의 의원이 항의하며 의사당을 박차고 나갔다.

메르켈은 겸손하게 꾸밈없는 연설을 이어갔다. "문명을 거부한 사건인 홀로코스트는 많은 상처를 남겼고 그 상처는 오늘날까지도 치유되지 않았습니다. 동독에서 자란 저는 독일의 역사적 책임과 이스라엘이라는 국가를 완전히 인정하고 받아들이기까지는 40년이 넘는 시간이 걸렸습니다. 바로 이곳에서 저는 이 역사적 책임이 제 조국 독일의 존재이유의 일부라는 점을 명백히 강조하는 바입니다." 연설이 끝나자 이스라엘 의원들과 홀로코스트 생존자로 참석한 청중들은 자리에서 일어나 박수를 보냈다.

기시다 총리가 한국인에게 어떤 모습을 보여줄지는 오로지 그의 몫이다. 일본인의 품격과 일본의 국격을 드러낼 그의 말과 행위는 한일 관계사에서 하나의 분기점이 될 것이다.

국면 전환

4월 26일 한미상호방위조약 70주년을 기념하기 위해 국빈으로 초대받은 윤 대통령이 미국으로 떠났다. 방문의 성과는 워싱턴 선언으로 선포되었다. 이로써 문재인 정부에서 이탈한 한미 관계가 본궤도로 돌아왔다.

이어서 5월 7일 기시다 총리의 답방이 이루어졌다. 예상보다 신속한 답방이었다. 한국에 온 그가 사죄 문제에 대해 어떤 말을 할지 초미의 관심을 모았다. 그는 김대중-오부치 파트너십 선언을 포함한 역대 내각의 입장을 계승한다는 말에 이어서, "저는 당시 어려운 환경 속에서 많은 분들이 매우 고통스럽고 슬픈 경험을 하신 것에 대해 가슴 아프게 생각합니다"라고 개인적인 소감을 짧게 밝혔다. 야당과 현 정부에 비판적인 사람을 비롯하여 국민의 다수는 기대에 못 미치는 표현으로 평가 절하했다.

나 또한 칼럼에서 그의 방한에 즈음한 발언을 준엄하게 환기시켰던 만큼 큰 관심을 갖고 지켜보았다. 외교의 달인이라는 평가처럼 그는 한국인에게 감동을 주는 것도 아니지만 그렇다고 분노나 냉대를 초래할 정도도 아니면서 일본 국내 여건을 감안한 절제된 표현을 했다. 따라서 나는 그의 발언의 진정성을 의심하며 평가 절하할 필요는 없다고 생각했다.

윤석열 대통령, 조 바이든 미국 대통령, 기시다 후미오 일본 총리가 2023년 8월 18일 미국 워싱턴DC 인근 대통령 별장인 캠프 데이비드에서 열린 한미일 정상회의를 앞두고 로렐 로지 앞에서 기념 촬영을 하고 있다. (대통령실)

기시다 총리의 답방 이후 이 주 밖에 지나지 않은 5월 21일 히로시마에서 개최되는 G7에 윤 대통령이 참석했다. 극적인 장면이 펼쳐졌다. 히로시마 평화공원 내 한국인 원폭피해자위령비에 총리와 함께 참배했다. 이로써 12년 만에 셔틀외교가 복원되었고, 2018년 강제징용 대법원 판결 이후 발생한 외교적 갈등이 5년 만에 해소되었다. 그리고 마침내 8월 18일 캠프 데이비드에서 한미일 삼국 정상회담이 열렸다. 한미일 삼각 협조체제가 구축되었다.

3월 6일의 결단으로부터 숨가쁘게 진행되어온 한일 관계 개선을 향한 움직임이 대단원의 막을 내렸다. 국내 여론은 긍정적으로 평가했고 지지율 상승에 기여했다. 한일 화해 3.0을 향한 문이 열렸다.

3부

한일 화해 3.0을 향하여

11장 포용론적 치유와 국민 화합 • 178
12장 천황 방한을 실현하자 • 192
13장 한일 신조약을 체결하자 • 202
14장 한일 화해위원회를 설치하자 • 208
15장 사회적 화해로 이행하자 • 216
16장 한일 화해공동체를 향하여 • 225

11장 포용론적 치유와 국민 화합

이행기 정의의 중첩성

역사 화해는 과거사를 청산하는 과정이다. 과거의 일정 시점에 개인·집단·국가 사이에서 발생한 부정의를 수반한 관계를 개선하는 정치 과정이다. 그 과정은 사안에 따라 기간과 방식이 다양하다. 학계에서는 이 연구 영역을 이행기 정의(transitional justice)라고 부른다. 화해·상생·공존·화합·치유·평화 등 미래지향적인 목적을 밝히고, 그런 목적을 실현하기 위해 정치 과정에서 사용되는 정치·경제·사회·문화·법적 정책 등 다양한 방안들을 다룬다.

세계 각국에서 민주주의 체제로 이행한 후 지난날의 권위주의 체제에 있었던 인권 침해의 만행으로 인한 피해자의 상처를 치유하고 국민 화합을 이루기 위한 정치 과정이 진행되었다. 나아가 일국 내에서의 이행기 정의 논의가 국가 간에도 확대되어, 식민 지배국과 피지배국 사이에 발생한 인권 침해에 대응하여 역사 화해를 향한 정치 과정도 진행되었다.

한국에서의 이행기 정의는 중첩적 특징을 지니고 있다. 군부 권위주의 체제에서 발생한 부정의와 일본의 식민 지배에서 발생한 부정의를 밝히고 정의를 회복하기 위한 정치 과정이 중첩되어 있다. 좀 더 설명하자면, 권위주의 체제에 대항한 민주화 운동과 위안부 문제나 징용자 문제 해결을 위한 정치 투쟁이 연계되어 전개되었다. 진상을 규명하고 책임을 추궁하는 과정에서 두 가지 이행기 정의는 중첩되어 있었던 것이다.

한국의 이행기 정의 현상에는 중첩성이라는 특성 이외에도 몇 가지 특징이 발견된다. 피해자들의 주장은 지역주의나 민족주의와 같은 정서에 뿌리를 내리고 있어, 시간이 지남에도 이런 정서는 좀처럼 완화되지 않는다. 오히려 시간이 지남에 따라 그들의 입장은 문제를 근본적으로 해결하고자 하는 원리주의(fundamentalism)로 경사되었고, 인권 가치의 보편성에 기반한 그들의 주장과 행위는 신성화되기도 했다. 이러한 특성을 지닌 한국에서의 이행기 정의는 보수와 진보의 진영 대립으로 정치화하여 투쟁 양상은 강성화되고 투쟁 기간은 장기화하면서 국민 화합과 한일 화해라는 본래의 목적과는 달리 국민 분열이 심화되고 한일 갈등이 악화되는 현상을 초래했다. 바로 '지체된 화해' 현상이었다.

2018년의 대법원 판결과 그에 따른 정치 과정은 이러한 한국에서의 이행기 정의의 전형적인 모습을 보여주며 전개되었다. 한국 내의 민주화 투쟁과 한일 간의 역사 청산이 중첩되어 전개된 이 정치 과정은 일본의 법적 책임을 관철시켜 정의를 실현하고 상처를 치유하고자 하는 강한 동기에 의해 추동되었다.

이렇듯 한일 관계는 단순하고 일반적인 외교 차원의 문제가 아니다. '한일 문제는 국내 문제다.' 그것은 국내 문제와 연계되어 있고, 게다가 이행기 정의라는 역사 청산 문제와 얽혀 있는 복잡한 문제다. 따라서 단지 국익론적 시각만으로 접근해서는 안 된다.

관계 개선은 구조의 전환이다

중첩적으로 구조화된 양상을 보이는 한일 관계는 크게 보아 두 가지로 구분할 수 있다. 하나는 '악순환적 구조'고 다른 하나는 '선순환적 구조'다. 국민 분열과 한일 갈등이 악순환하는 전자는 국민 분열이 심화되면 한일 갈등을 악화시키고, 악화된 한일 갈등이 다시 국민 분열을 더욱 심화시키는 구조다. 이에 비해 국민 화합과 한일 화해가 선순환하는 후자는 국민 화합이 확대되면 한일 화해가 진척되고, 진척된 한일 화해가 다시 국민 화합을 더욱 확대시키는 구조다.

한일 관계를 개선한다는 것은 악순환적 구조에서 선순환적 구조로 전환시키는 것을 말한다. 그 전환 방식은 세 가지로 나눌 수 있다. 첫째는 국민 화합의 확대와 한일 화해의 진척을 동시에 진행시키는 것으로 바람직한 방식이다. 둘째는 국민 화합의 확대가 선행한 후 한일 화해의 진척이 뒤따르는 방식이다. 셋째는 한일 화해의 진척이 선행한 후 국민 화합의 확대가 뒤따르는 방식이다.

윤석열 정부는 출범과 동시에 악순환을 거듭하여 파국 직전까지 이른 한일 관계를 개선시키겠다는 방침을 분명히 했다. 제3자 변제안이 예상한 시나리오는 첫째 방식이었다. 한국의 선제적 조치에 호응하는 일본의 사죄와 배상으로 피해자의 상처를 치유하고, 한일 관계 및 한미일 삼국 관계를 협조체제로 전환하여, 국내 화합과 한일 화해가 동시에 진행되어 곧바로 선순환하는 궤도에 안착시키는 것이었다.

그러나 기대했던 일본의 호응이 따라주지 않자 셋째 방식을 택하게 된다. 피해자의 상처 치유와 역사적 정의 회복을 유보한 채 제3자 변제를 단행하여 우선 한일 관계 개선의 돌파구를 마련하고, 캠프 데이비드 정상회담을 통해 한미일 삼각 협조체제를 구축했다. 이로써 멀리는 이명박 정부 이래 악화되기 시작하여, 가까이는 강제징용 대법원 판결 이후 심화된 외교적 갈등을 해소하고 국면 전환을 달성했다.

윤 대통령을 포함하여 이를 추진한 외교부, 그리고 이를 지지하는 전문가 및 일반 국민은 국면 전환을 통해 대한민국의 국익이 증진되었다고 평가한다. 그러나 일부 피해 당사자를 포함하여 그들을 지원하는 단체, 그리고 그들에 동조하는 전문가 및 일반 국민은 제3자 변제가 대한민국의 자존심을 손상시키고, 피해자의 상처 치유 바람을 저버린 굴욕적인 사건이라고 비판하고 반발한다.

2023년 3월 7일 윤석열 정부의 제3자 변제 해법을 규탄하는 시국 선언이 강제동원 피해자 양금덕·김성주 할머니 등이 참석한 가운데 국회에서 열렸다. (조성환 인천광역시의원)

이렇듯 윤 정부에서의 한일 관계 개선은 일본의 미온적 반응으로 인하여 국내 분열을 수반한 개선이었다. 역사 문제는 온전히 해결되지 않아 언제든 다시 재연할 소지가 잔존한 그야말로 반쪽의 개선에 불과했다. 따라서 역행 가능성에 대한 우려가 이어진다. 한국에서의 우려는 그렇다 치고, 일본 쪽에서도 우려의 발언이 나오고 있는데, 이는 응대할 가치가 없다. 한국의 선제적 조치에 대해 일체 호응하지 않은 일본은 우려할 자격이 없다. 그 우려는 그들 스스로가 자초한 것이고, 한국은 그걸 탓할 것도 없다. 호응하지 않은 것도 우려하는 것도 모두 그들의 몫일 뿐이다.

갈림길에 선 한일 관계

제3자 변제 이후 개선된 한일 관계는 갈림길에 섰다. 깊은 연원을 가지고 있는 갈등이 한번의 결단으로 화해에 이른다면, 그건 마법이다. 제3자 변제로 법적 분쟁점을 해소하고 한일 간의 외교적 관계를 개선한 것이 끝이라고 생각해선 안 된다. 단지 화해를 향한 첫 관문을 통과했을 뿐이다. 앞으로 개선된 관계를 공고히 하여 선순환적 구조로 안착되어 한일 화해 3.0으로 도약하느냐, 아니면 지난날의 갈등 상태로 퇴행하느냐의 갈림길에 섰을 뿐이다.

윤 정부는 제3자 변제안 단행 시 유보된 일본의 호응을 지속적으로 요구하여 남겨진 치유의 과제를 수행하겠다고는 했다. 하지만 일본의 호응을 기대하기 어렵다는 점과 적대적 진영 대결에 따른 국민 분열이라는 국내 상황에 기대어 소극적 자세로 치유를 방치하면서 호전된 한일 관계를 유지·발전시키겠다는 입장을 갖고 있는 것으로 보인다. 다시 말해 앞으로 한일 관계가 더 나아지면 치유 요구는 시간이 지남에 따라 약화·소멸되어 국민 화합과 한일 화해가 선순환적 구조로 공고화될 것이라고 기대하는 모양이다. 윤 정부의 의도대로 진행될 수도 있을 것이다. 만약 그렇게 된다면, 그것도 역사 문제를 해결한 하나의 방안으로 평가될 것이다. 그러나 치유와 정의에 대한 강한 요구에 직면하여 공고화가 지체되는 상태에서 그럭저럭 현상을 유지할 수도 있고, 더 나쁜 경우에는 퇴행하여 악순환의 상태로 환원될 수도 있다. 윤 정부의 의도대로 실현되는 것이 차선이라면, 현상 유지는 차악이고, 퇴행은 최악이 될 것이다.

나는 차선의 결과를 기대하기 어렵다고 판단한다. 이행기 정의의 중첩성에 기인하는 치유와 정의에 대한 강한 요구가 쉽게 약화·소멸될 것 같지 않기 때문이다. 국내의 이행기 정의가 종결되지 않은 상황에서 국가 간 이행기 정의가 진척되기는 어렵다. 국내 이행기 정의가 국내 분열을 동반하는 경우, 국가 간 이행기 정의는 국내 분열을 반영하여 좀처럼 진행되기 어렵고, 비록 국가 간 이행기 정의가 진행된다고 하더라도 국내 분열을 초래하거나 심화시키는 요인으로 작용한다. 이런 점에서 볼 때, 한일 문제는 단순한 외교 문제가 아니라 근본적으로는 국내 문제이고, 따라서 '한일 문제는 국내 문제다'라는 제1 명제가 확인된다.

잠시 제1 명제를 본말론이라는 논리로 설명해보자. 국내 문제가 근본에 해당하고 한일 문제가 말단에 해당하여, 근본의 변화가 없는 상태에서 말단의 변화만을 시도하는 것만으로는 문제를 해결하지 못한다. 이행기 정의를 마치지도 않은 채 극단적 혐오와 적대적 대립 양상을 보이는 팬덤 정치가 횡행하는 상황에서 국내 화합 없이 한일 화해를 추구하는 것은 사상누각에 불과하다고 보인다. 따라서 차선을 추구하다 차악을 거쳐 최악으로 귀결될 가능성이 더 높다. 이런 행로는 바람직하지 않다고 본다. 더 나은 최선의 방안을 모색해야 한다.

갈림길에 선 대한민국이 어디로 향해 가야 할지 답은 정해져 있다.

공고화의 길을 거쳐 어느 시점에선가 한일 화해 3.0으로 도약을 이루어야 한다는 것은 '당위적 명령'이다. 적대적 진영 대결에 따른 국민 분열이라는 상황에 기대어 유보된 치유와 정의를 소극적으로 방치해선 안 된다. 치유와 정의를 유보·방치한 채 국민 화합과 한일 화해를 기대하는 것은 요행을 바라는 무책임한 것이다. 게다가 국익론에 기댄 '강요된 화해'는 선제적 결단의 명분과도 배치된다. 이미 국내의 반대 진영의 저항을 뚫고 일본을 향해 선제적 결단으로 일을 시작했으면, 이어서 국내 화합을 위한 적극적 조치를 취하는 것이 일관성을 유지하는 것이다. 여기서 소극적 방치로 화해를 강요하게 된다면 이것은 자기 모순이다.

포용론적 치유론

당위적 명령을 수행하는 방향은 두 가지다. 우리가 원하는 바인 사죄와 배상을 집요하게 일본에 요구해서 치유 문제를 해결하거나, 아니면 원하는 바를 우리 스스로 해결하는 것이다. 전자가 '타력 구원'이라면 후자는 '자력 구원'이 될 것이다. 나는 이제 타력 구원의 방식에서 벗어날 때가 되었다고 생각한다. 상처 치유가 일본이라는 타자로부터 구해질 수 없는 상황이라 하여 치유를 방치한다면 공고화를 거쳐 한일 화해는 도달하기 어려울 것이다. 만약 퇴행하게 된다면 파생적 분노와 상처는 더욱 커지고 한일 관계는 다시 악화되는 결말을 보게 될 것이다. 선제적 결단에 따른 관계 개선의 공고화를 이루기 위한 최선의 방안은 한국이 스스로 상처를 치유하는 후속 조치를 실행하는 것이다. 8월 18일 캠프 데이비드 회담이 있은지 20일이 지난 9월 8일 포용론적 치유론의 필요성을 주장하는 아홉 번째 칼럼을 발신했다.

새 단계에 진입한 한일 관계, 미래 세대에 짐이 안 되려면...

한미일 삼국 정상이 지난달(8월) 18일 캠프 데이비드에서 만났다. 이 회담의 기획자 바이든 대통령은 시대의 변곡점에서 역사적 순간을 만들었다고 공동 기자회견에서 밝혔다. 70여 년 전 각각 맺어진 한미 동맹과 미일 동맹이 이제 한미일 3국 협력체로 새롭게 탄생했음을 환호했다. 귀국 후 조태용 국가안보실장이 회담의 역사적 의미를 "인도-태평양 지역의 지정학을 바꾼 8시간"이라고 표현했듯이 시대의 획을 긋는 사건이었다.

취임 이후 국제질서가 '신냉전'으로 급변하는 상황에서 미국이 주도하는 인도-태평양 전략에 호응해야 한다고 판단한 윤석열 대통령은 한일 관계를 개선하기 위해 심혈을 기울였다. 마침내 일본의 주장을 포용하는 결단을 내렸다. 제3자 변제안이 열어놓은 한일 관계 개선의 서곡은 짧은 시간 안에 캠프 데이비드 삼중주로 울려 퍼졌다.

외신을 타고 전해진 이 소식에 대해 국내외의 긍정적 평가가 이어졌다. 선진국에 진입한 한국이 국제질서의 주요 행위자로 부상했음을 알려주는 신호였다. 게다가 징용자 문제로 인해 주객이 전도되어 수세에 몰렸던 한국이 포용적 결단으로 도덕적 우위를 확보하게 된 것이 무엇보다 큰 수확이었다.

이제 차분하게 포용적 결단의 의미와 그것이 남긴 문제를 점검할 시점이다. 분명 그 결단은 가해자 일본의 사죄와 배상을 '유보한' 결단이었다. 이는 사죄와 배상이 피해자의 정당한 권리라고 생각하는 국민 정서에 반하는 것이기 때문에 자칫 국민적 저항을 초래하는 정치적 위험을 내포하고 있었다. 이 점을 역사 화해에 관한 이론으로 설명해보자.

책임론적 화해론은 '기억을 통한 사실 확인→사죄·배상·용서라는 책임 실현→정의 회복과 상처 치유→관계 개선'이라는 단계적 프로세스를 상정한다. 즉, 앞 단계를 거치지 않으면 다음 단계로 진행하지 못하는 프로세스다.

윤 대통령의 결단은 책임 실현의 단계를 건너뛰고 관계 개선으로 직행한 케이스다. 그 결과 역사 정의를 회복하지 못했고 피해자의 상처를 치유하지 못했다는 비판을 피할 길이 없다. 제3자 변제 대상자 15명 중 피해 당사자 2명을 포함하여 4명이 변제금 수용을 거부했고, 나아가 그들은 변제안을 관철하려는 정부의 공탁 추진에도 강하게 반발하고 있다. 법적 소송으로 이어질 전망이다.

이에 대해 정부는 계속 공탁을 추진하고, 계류 중인 1000여 명의 소송에 대해서는 확정 판결 이후 동일한 조치를 취하며, 소송하지 못한 다수의 징용자에 대해서는 특별법을 제정하여 징용자 문제를 해소한다는 방침으로 대응할 것으로 보인다. 하지만 여기에는 정의 회복도 상처 치유도 보이지 않는다. 포용적 결단 이후 전개된 경로를 돌이킬 수 없다면 사죄와 배상 없는 치유와 정의를 모색해야 한다. 포용론적 화해론이 필요한 이유다.

포용론적 화해의 프로세스는 '포용적 결단→관계 개선의 돌파구 마련→승화를 통한 치유와 포용의 심판대로 정의 회복→관계의 심화'로 구성된다. 여기서 핵심은 치유에 대한 관점의 전환이다.

책임론적 화해에서는 과거의 사실을 확인하는 기억에서 시작하여 사죄와 반성을 받아냄으로써 치유에 이르게 된다. 이 프로세스에서 소녀상과 징용자상이라는 기억의 심볼이 조형되었다. 소녀상은 원초적 청순성을 징용자상은 참혹한 박탈성을 상징적으로 보여준다. 그와 동시에 상처가 치유되어야 한다는 정언명제를 시각적으로 제시한다. 이어서 가해자의 사죄와 배상이 치유의 필요조건이라는 논리적 추론이 도출된다.

그러나 기억을 통한 치유에서 가해자의 사죄와 배상이라는 조건이 충족되지 않을 때, 기억의 작용은 화해를 유도하는 것이 아니라 오히려 상처를 덧나게 하고 분노를 증폭하여 마음 깊이 한(恨)으로 새겨진다. 피맺힌 한은 역사적 정의 회복이라는 명분과 결합하여 대의를 위한 투쟁으로 지속할 것이다.

이러한 상황에 대해 나는 안쓰러움을 느낀다. 이제는 그들의 어깨에 올려진 무거운 짐을 내려놓고 영혼의 평안을 얻었으면 한다. 승화(昇華)를 통한 치유가 하나의 방법이 될 것이다. 사죄와 배상을 받아내서 상처를 치유하려는 욕구가 충족되기 어렵다면, 그 욕구를 다른 가치 있는 것으로 치환하여 충족시키는 승화를 통해 치유를 달성하는 것이다.

다양한 차원의 가치를 떠올려 볼 수 있다. 피해자 본인이 영혼의 평안을 얻어서 원숙한 인격체로 생의 마지막을 보내는 것, 역사 문제를 둘러싼 국내 갈등이 완화되어 국민 통합을 촉진하는 것, 심화한 우호적 한일관계가 국가 간의 갈등 해결의 모델이 되어 세계 평화에 기여하는 것 등이다. 요컨대 승화의 본질은 자신이 겪었던 고통을 대물림하지 않고 미래 세대에게 새로운 길을 열어주는 데 있다.

한편 정의 회복에 대한 관점 또한 바꿀 필요가 있다. 포용은 용서가 아니다. 결코 면죄부를 주는 것이 아니며 오히려 포용은 준엄한 심판을 동반한다. 과거 집착적 책임 추궁에서 미래지향적 포용의 심판대로 관점을 이동하여 정의를 실현하는 것이다.

포용적 결단으로 미래를 향한 화해의 로드맵이 만들어졌다면, 여기서 이탈하거나 역행하려는 사고와 행위, 다시 말해 사실을 부정하거나 은폐하여 기억을 방해하는 행위, 약속을 파기하거나 희석하여 포용의 빛이 바래게 하는 행위에 대해서는 보편적 가치와 신의 성실의 원칙에 따라 가차 없이 심판대에 세우는 것이다.

> 이것은 곧 다가올 피해자 없는 시기에 역사 화해를 지속해가는 남은 자들의 몫이다. 일본 내의 정의 의식을 가진 사람들과 연대할 것이며, 나아가 보편적 가치를 공유하는 세계시민과도 동행할 것이다.
>
> 포용적 결단 이후 관계 개선의 진입구에 들어선 지금, 한편으로는 승화를 통해 상처를 치유하고 포용의 심판대로 정의를 회복하며 우호적 관계를 튼튼히 하면서, 다른 한편으로는 한일 신조약을 체결하게 된다면 역사 화해는 새로운 단계로 도약할 것이다.

이 칼럼을 쓸 시점에서는 관계의 '심화'와 '국민 통합'이라는 용어를 사용했다. 이후 이 용어들은 '공고화'와 '국민 화합'이라는 용어로 발전했다. 이 칼럼에서 제안하는 핵심은 공고화를 이루기 위해서는 국민 화합에 더 많은 노력을 기울여야 하고, 국민 화합을 위한 첩경은 피해자의 상처를 치유하는 것이며, 그러기 위해서는 치유에 대한 관점을 전환해야 한다는 것이다. 다시 말해, 타력 구원에서 자력 구원으로 인식의 전환을 이루는 것이다. 자력 구원의 구체적인 방법이 승화를 통한 치유이고 이를 달성하기 위해서는 정부 차원의 노력이 필요하다. 피해자들의 상처를 어루만지고 희생자를 추모하는 다양한 의식과 행사가 이루어져야 한다. 기념관을 건립하고, 추모 공원을 만들고, 기념비를 세우고, 역사 교육을 실행해야 한다. 지난 칼럼에서 제안한 바 있는 '포스코 역사기념 의식'을 거행하는 것도 좋을 것이다. 무엇보다 중요한 것은 대통령이 직접 피해자를 만나서 그들의 상처를 어루만져주어야 한다. 제3자 변제라는 법적 조치만으로 문제가 해결됐다는 생각을 가져서는 안 될 것이다. 그것은 강요된 화해일 뿐이다. 변제금을 받은 분들을 포함하여 명예를 회복하는 의식을 거행해야 할 것이다. 지원단체보다 소송 대리인보다 더 진정성을 갖고 피해자의 상처를 치유하기 위해 몸소 행해야 승화를 통한 치유가 가능하다. 일본을 향해 선제적 결단도 했는데, 자국민을 향해 선제적 결단이 결실을 맺기 위한 후속 조치를 실행하는 것은 너무도 당연하다.

한편 제3자 변제가 면죄부가 아님을 증명하기 위해서는 포용의 심판대가 작동해야 한다. 예를 들어 한국의 선제적 조치에 대해 일본 기업이 제공하기로 한 '미래청년기금'에 대해서는 일본 측의 미온적 태도에 단호히 대응해야 한다. 일본의 현재적 잘못에 대해 눈을 감아주거나 가볍게 넘기는 것은 피해자는 물론 일반 국민에게 부정적인 인식을 주게 될 것이고, 이로 인해 정부가 추진하는 승화를 위한 사업의 진정성을 의심하게 될 것이다.

그러나 이러한 정부 차원의 노력에도 불구하고 자력 구원의 길에 대한 반론이 있을 것으로 예상된다. 뭐 하러 그럴 필요가 있나? 일본이 해야 할 일을 왜 우리가 하느냐? 결단도 우리가 했는데 호응이 없는 상태에서 공고화도 우리가 해야 하나? 퇴행하지 않으려면 일본이 물컵의 남은 반을 채워서 공고화시켜야 하는 것이 아닌가? 만약 일본이 하지 않는다면 차라리 우리도 아무것도 하지 않는 것이 좋겠다고 주장한다면 어떻게 설득하겠는가?

자력 구원으로 국민 화합을

도무지 내키지 않는 자력 구원의 길을 모색해야 하는 이유를 다시 한번 생각해보자. 자력 구원이 한일 화해를 위한 수단이기 때문인가? 한일 화해를 진전시키기 위해 내키지도 않는 자력 구원을 실행한다는 말인가? 아니다. 자력 구원은 뭔가의 목적을 위한 수단이 아니라 그 자체가 우리에게는 절실히 필요하기 때문이다.

애초에 일본의 호응은 치유를 위한 조건에 불과하다. 결국 치유는 우리의 문제다. 우리 스스로 상처를 치유하여 국민 화합을 이루고 공고화의 명령을 수행하여 한일 화해를 성취하는 것이 도덕적으로 현실적으로 바람직하지 않은가? 자력 구원은 국민 화합을 촉진시키고 나아가 개선된 한일 관계를 공고화하여 마침내 한일 화해의 새로운 단계로 도약하기 위한 묘약이다.

지금까지 이행기 정의의 중첩성이 국민 화합과 한일 화해의 악순환을 가져오는 부정적 요인으로 작용했다면, 이제 악순환의 고리를 끊어내고 국민 화합과 한일 화해가 선순환하기 위해서는 자력 구원이 실행되어야 한다. 이것은 일본의 의사와 무관한 우리의 결단의 문제다. 이제 치유는 우리 자신의 문제로 전환시켜야 한다. 상처의 원인을 제공한 일본이 더 이상의 치유를 위한 성의를 보이지 않는다면, 우리는 더 이상 그런 그들을 탓하지 말고 포용하자. 그리고는 일본이라는 타자로부터의 치유를 갈구하는 것을 그만두자. 포용론적 치유로 전환하여 국민 화합을 이루고 나아가 한일 화해를 이끌어가자.

그 과정에서 정부는 진정성을 갖고 당위적 명령과 자력 구원에 대해 국민에게 설명하고 설득하며 피해자를 위한 구체적인 치유 사업을 실행해야 한다. 국민 정서에 새겨진 트라우마를 치유하여 국민 화합과 한일 화해의 선순환적 궤도에 안착시켜 마침내 한국 사회에서 이행기 정의가 종결되는 날을 향해 전진해야 한다.

피해자 지원단체도 새로운 방향성을 정립할 필요가 있다. 일부 피해자는 제3자 변제에 반발하여 공탁을 거부하는 소송을 진행하고 있다. 이 길도 인정하고 존중하자. 반컵의 물조차 채우지 않는 일본에 대한 차가운 대응이 있다는 것을 일본에 보여주는 것도 필요하다. 그러나 진정 치유와 화해를 바란다면 자신의 논리로 한국 정부를 포획하여 한일 관계를 역행시키려 하지 말았으면 한다. 그 대신 일본이 행한 과거의 인권 침해 사실과 훗날의 미흡한 시정 노력을 국제사회에 지속적으로 알려서 국제규범을 선도하는 역할을 해주기 바란다.

정치가도 더 이상 역사 문제를 국민 분열과 갈등의 소재로 사용해서는 안 될 것이다. 진영 논리로부터 벗어나 국민 화합을 위한 성찰과 절제의 미덕을 발휘하자.

정부, 정치가, 피해자 지원단체, 일반 국민 모두가 포용론적 치유에 대한 진정한 관심과 실제적 행위를 한다면 한일 화해 3.0 시대가 성큼 우리 앞에 다가올 것이다. 한일 화해를 이루기 위해 모방할 모델이 우리 외부에 있지 않다. 우리 스스로 만들어가야 한다. 그리고 마침내 우리가 이룩한 국민 화합과 한일 화해는 '신냉전'이 전개되는 국제 사회에 새로운 화해 모델이 될 것이다.

12장 천황 방한을 실현하자

일본의 화답

 포용론적 화해론에 기반한 자력 구원의 원칙에 따라 개선된 한일 관계의 공고화를 다져간다 해도 한국만이 언제까지 일방적인 포용의 조치를 지속하기는 어렵다. 포용적 관계를 유지·발전시키기 위해서는 일본의 화답이 필요하다. 2023년 5월 7일 답방 때 기시다 총리가 언급한 일본 역대 내각의 입장을 계승한다는 말과 짧은 개인적인 소감 표명만으로는 한국인이 수긍할만한 화답이 되기 어렵다. 그렇다고 제3자 변제안을 만드는 과정에서 피해자 측이 제시했던 사죄와 배상을 포함한 일본의 '성의 있는 호응'을 다시 요구하여 관철시키자는 것은 아니다. 물론 일본이 자발적으로 그렇게 한다면 그보다 좋은 화답이 없을 것이다. 아무튼 분명한 것은 일본의 책임 문제가 제3자 변제로는 해소되지 않고 여전히 남아 있다는 사실이다. 게다가 피해자의 치유를 수반하지 않은 법적 조치에 불과한 제3자 변제는 징용자 문제의 완전한 해소책이 되기도 어렵다.

 한일 역사 문제와 관련하여 일본의 책임 문제를 상기해보자. 일본은 총리 수준에서 '도의적 책임'을 인정하는 데 머무른 반면, 이에 만족하지 못하는 한국은 '법적 책임'을 강조했다. 그러나 지금까지 논해왔듯이 피해자 측이 원하는 법적 책임은 현시점에서는 실현하기 어렵다. 이제 도의적 책임과 법적 책임의 대립 구도 속에서는 풀기 어려운 책임 문제에 대한 창의적 해법이 요구된다. 나는 천황 수준에서의 '상징 책임'이라는 해법을 제안한다. 이것이 포용적 관계를 유지·발전시킬 수 있는 일본의 화답이 될 것으로 기대한다.

일본은 천황제 보수주의 나라다. 천황제는 일본 정치에 있어서 역사적 전통이자 현재적 실체다. 천황의 존재 양상은 시대에 따라 달랐다. 고대, 중세, 근세 에도 시대에 이어 근대 메이지 시대를 거쳐 전후 현재에 이르기까지 천황제는 연속과 단절의 양면성을 보여주며 전개되어 왔다.

제1대 천황인 진무천황부터 황통이 지속되고 있다는 연속성의 관념이 일본 천황제의 가장 중요한 특징으로 거론된다. 비록 혈통은 지속되었다고 해도 천황의 존재 양상은 달랐다. 도쿄의 에도성에 거주한 도쿠가와 쇼군이 권력을 갖고 일본 열도를 통치하던 에도막부 시대에 교토에 거주한 천황은 정치적 실권이 없이 고대 이래의 귀족(公家) 문화를 전승하며 신도(神道)의 담지자로 존재했었다.

메이지 유신으로 일본국 통치자로 옹립되어 도쿄로 옮겨온 천황은 점차 실권적 존재로 변모해갔다. 마침내 군국주의 일본 제국의 최고 정점에 위치한 천황은 인간이 아닌 신적 존재로 숭배되었다. 이를 국체론적 천황제라고 한다. 천황이 바로 일본 그 자체라는 뜻이다. 히로히토 천황은 현인신(現人神, 인간의 모습을 한 신)으로 일본을 통치했다. 그는 군통수권자로서 식민 지배와 전쟁의 총책임자였다.

태평양 전쟁에서 패한 일본은 맥아더 사령관이 지휘하는 미군정의 통치를 받게 되었다. 당시 도쿄에서는 전범을 단죄하기 위한 재판이 진행되었다. 일본 제국의 최고 통치권자였던 천황은 당연히 전범으로 다뤄져야 했으나, 맥아더는 원활한 일본 점령을 수행하기 위해 히로히토 천황에게 면죄부를 주고 천황제를 존속시켰다. 그대신 천황은 신이 아닌 인간임을 선언해야 했고 정치적 실권을 상실했다. 그는 자유 민주주의와 국제 평화주의로 새롭게 출발한 전후 일본에서 일본국과 일본 국민 통합의 상징으로 존재하게 되었다. 이를 상징천황제라고 한다. 총리 이하 내각이 실질적 정치를 하고 천황은 평화헌법의 정신을 구현하는 상징적 존재로 남았다.

1989년 히로히토 천황이 사망하고 아키히토 천황(1933년생)이 즉위하자 연호를 헤이세이(平成)로 정했다. 그야말로 전후 일본의 평화와 번영의 전성기를 구가하게 된다. 천황은 보수주의 일본의 본원이자 동시에 평화를 애호하는 리버럴 일본의 상징이었다. 비록 전임자인 히로히토 천황이 전쟁 범죄를 면죄받았다고 해도, 계승자인 아키히토 천황은 제국 일본의 전쟁 책임에 대한 의식을 갖고 있었고, 탈냉전 시대의 국제질서 속에서 평화 국가 일본의 위상을 높이기 위해 노력했다. 1955년 이후 장기 집권을 유지해온 자민당 정권이 붕괴하고 분열된 일본 정국에서 민주당 정권을 탄생시킨 하토야마 유키오 전 총리조차도 그런 아키히토 천황을 존경의 대상으로 여겼다. 아베 총리가 집권하며 보수 우경화의 경향을 점차 강화하자 아키히토 천황은 그의 정책에 대해 못마땅하게 여기기도 했다. 그가 나루히토 황태자(1960년생)에게 전위한 것도 아베 총리에 대한 불만의 표출이라는 설도 있다. 한국에 대해서도 우호적인 입장을 견지하고 있었던 그는 천황의 가계와 고대 백제 왕실과의 관련성을 언급하기도 하고, 식민 지배에 대한 책임 의식을 표출하는 발언을 하기도 했다.

이렇듯 천황제는 지속하면서도 변화해왔다. 아키히토 천황은 세계 다수의 국가를 방문하며 평화와 친선 외교를 실행했다. 계승자인 나루히토 천황 역시 아키히토 상황의 방침을 충실히 계승하고 있다. 지금의 천황이야말로 군국주의에서 자유와 평화주의로 변화한 일본을 상징적으로 보여주는 존재다. 이제 가장 가까운 나라 대한민국에 천황을 초대하여 한일 화해를 향한 최대의 장애물인 책임 문제를 해소하자. 나는 2023년 6월 30일 여덟 번째 칼럼을 발신했다.

천황 방한으로 한일 신조약의 길 열자

한일 관계가 길고 긴 동면에서 깨어나는 데 채 두 달이 걸리지 않았다. 윤석열 대통령의 포용적 결단으로 성사된 일본 방문에 대한 기시다 총리의 호응은 예상보다 빨랐다. 5월 7일 총리의 답방이 이루어졌고, 이어서 G7에 참가한 윤 대통령은 5월 21일 히로시마 평화공원 내 한국인 원폭피해자위령비에 총리와 함께 참배했다. 이로써 12년 만에 셔틀외교가 복원되었고, 2018년 강제징용 대법원 판결 이후 발생한 외교적 갈등이 5년 만에 해소되었다.

이 과정에서 방한 시 총리의 사죄 표현이 초미의 관심을 모았다. 그는 김대중-오부치 공동선언을 포함한 역대 내각의 입장을 계승한다는 말에 이어 "당시 엄혹한 환경 속에서 많은 분들이 매우 힘들고 슬픈 체험을 하신 사실에 대해 저 역시 가슴 아프게 생각합니다"라고 개인적 소감을 밝혔다. 야당과 현 정부에 비판적인 사람을 비롯하여 국민의 다수는 기대에 못 미치는 표현으로 평가 절하했다.

그러나 나는 윤 대통령의 결단에 응답하겠다는 강한 의지를 갖고 있던 기시다 총리가 일본 국내의 압박과 제약 속에서 한국인이 품고 있는 식민 지배의 부정의에 대해 공감을 표명한 것으로 받아들이고 싶다. 나아가 주어진 여건 속에서 최대한 한국인의 마음을 존중하고자 한 진정성을 높이 사고 싶다.

양국 정상의 리더십은 분명한 효과를 가져왔다. 한미일 삼각 협조체제가 구축되었고, 무역 제재가 해제되었으며, 초계기 갈등이 봉합되었고, 인적 교류가 확대되었다. 상호 신뢰 속에서 포용론적 화해를 이루고자 하는 공감대가 빚어낸 결실이다.

그렇다고 해서 이대로 장밋빛 미래가 전개되리라고 생각한다면 오산일 수 있다. 김대중-오부치 공동선언으로 열었던 한일 화해 2.0 시대가 역사 교과서 문제에 부딪히는 데 그리 오랜 시간이 걸리지 않았다. 이어서 야스쿠니 신사 참배, 영토 갈등, 위안부 문제 등이 부상하면서 한일 관계는 역주행을 거듭했다. 따라서 지금은 한 치도 낙관할 수 없다. 징용자 문제에 대한 섬세하고 치밀한 후속 조치는 물론, 언제든지 부상할 수 있는 역사 문제의 현안들을 신중하게 관리하며 한일 관계를 전진시켜야 한다.

그러나 소극적 관리만으로는 역주행을 방지하지 못할 것이다. 총리의 답방 직후인 지난 5월 11일 총리 공저에서 진행된 홍석현 중앙홀딩스 회장과의 특별대담에서 확인되었듯 당분간 총리의 추가적인 사죄 표현과 피고 기업의 기금 참여를 기대하기 어려운 상황에서 이에 만족하지 않는 한국 측의 반발은 지속할 것이다. 따라서 역주행을 근본적으로 차단하고 미래로 전진하기 위해서는 보다 적극적 기획이 필요하다. 나는 한일 신조약을 체결하여 한일 화해 3.0 시대로 뛰어넘어야 한다고 생각한다.

한일 신조약이 식민 지배의 불법성 여부와 같은 1965년 한일 조약에서 봉합한 사안을 의제로 삼아 해결하려고 한다면 합의에 이르지 못할 것이다. 그 대신 한편으로는 지속되는 과거사 문제들이 심화하지 않도록 방안을 모색하고, 다른 한편으로는 새롭게 등장하는 현재적 과제를 협력적으로 대처하는 데 협의를 집중하여 도출된 방안들을 제도화할 수 있다면 한일 화해 3.0의 새로운 시대가 열릴 것으로 기대한다.

물론 다양한 걸림돌이 신조약 체결의 길을 가로막고 있다. 그중에서도 한일 화해 2.0 시대에 군림했던 책임론적 화해론이라는 견고한 사유의 장애물을 넘어서지 않고는 신조약 성사를 기대하기 어렵다.

화해하자며 끊임없이 일본의 책임을 추궁하는 것이 오히려 관계를 악화시켰고, 마침내 징용자 문제에 이르러 파탄 직전까지 다다른 역설적 현상을 겪었다. 막대한 비용을 치른 후 포용적 결단으로 책임론적 화해론이 초래한 부작용을 가까스로 수습할 수 있었다. 그렇게 애를 쓰고도 '도의적 책임'에 기반한 역대 내각의 입장을 계승한다는 간접 표명과 총리의 개인적 소감을 얻어내는 데 그쳤을 뿐이다. 신조약의 체결은 이러한 책임론적 사유의 틀을 넘어서야 가능하다. 이를 위해 천황의 방한을 추진하는 것을 고려해 볼 수 있다.

천황은 일본헌법 제1장에 규정되어 있다. "천황은 일본국의 상징이고 일본 국민 통합의 상징이며, 이 지위는 주권이 있는 일본 국민의 총의에 기초한다." 통상 전전의 인격신으로서 절대 권력을 갖고 있던 천황과 차별하여 상징 천황이라고 한다. 평화 애호자인 아키히토(明仁) 전 천황은 재위 중에 동남아 국가 및 중국 등을 방문하며 사죄의 표현을 함으로써 일본과의 우호 관계 증진에 기여한 바 있다.

이제 2019년에 황위를 계승한 나루히토(德仁) 천황이 방한하여 한국인의 과거사 인식에 공감하는 적절한 사죄 표현을 한다면, 우리는 그것을 일본을 상징하는 존재가 표명한 '상징 책임'으로 포용하고 환대하자. 이를 통해 무한 책임 추궁에서 벗어나 미래로 나아가는 화해의 기틀을 마련할 수 있다.

천황 방한이 시기상조라는 반론도 예상된다. 만에 하나 불상사가 발생하면 양국 관계의 악화를 초래할 것을 우려한다. 1992년 아키히토 천황이 중국을 방문할 때도 그런 우려가 제기되었지만 천황의 방중은 이후 중일 관계 발전에 기여했다.

중요 인물의 역사적 행위는 두 가지 경우가 있다. 하나는 조건이 성숙하여 그 행위를 통해 한 국면의 대미를 장식하는 경우고, 다른 하나는 조건이 무르익지 않았지만 그 행위를 통해 역사를 추동하는 경우다. 모든 여건이 다 갖추어진 후의 방한이라면, 언제인지 알 수 없고 방한의 의미도 작다. 지금 한국은 천황 방한을 포용할 능력을 갖추고 있다. 천황의 상징 책임을 계기로 책임론적 화해론을 넘어선다면 신조약 체결의 길이 열릴 것이다.

신조약을 체결하는 최적의 시점은 한일 국교정상화 60주년이 되는 2025년이다. 천황 방한과 신조약 체결이라는 미래지향적 기획은 기존의 외교 업무만으로는 감당하기 버겁다. 한일 화해위원회를 설치하고, 일본과 함께 양국의 경험과 지혜를 모아야 할 것이다.

상징 책임과 그 효과

방한 당시 기시다 총리의 사죄 표현은 그가 할 수 있는 최대치였다. 당분간 그 이상의 표현을 기대하기는 어렵다. 피해자를 포함하여 많은 한국인들은 이 표현을 한참 부족하다고 생각하고 있다. 양쪽 사이에 존재하는 이 갭을 줄이지 못하면 개선된 한일 관계의 공고화는 난항이 예상된다.

천황 방한과 그에 수반하여 표출하는 말과 행위를 '상징 책임'으로 포용하고 환대하게 된다면, 제3자 변제로써 해소되지 않는 책임 문제에 '잠정적 종지부'를 찍을 수 있을 것이다. 2차 세계대전 이후 미국 및 서방 선진국 중심의 국제질서가 지속하는 한 일본에 법적 책임을 추궁하여 관철시키기 어렵다는 현실의 제약 속에서 법적 책임 추궁을 잠정적으로 유보하고 미래의 과제로 남겨 두자는 것이다. 이것은 결코 식민 지배에 대한 일본의 책임을 면해주자는 것이 아니다. 어느 누구도 어떤 방식으로도 면죄부를 줄 수 없다. 한일 양국과 양 국민에게 더 필요한 것은 책임 공방이 아닌 상처의 치유다. 양국 사회에서 표출되고 있는 반일과 혐한이라는 정신적 속박에서 벗어나는 것이 더 중요하다.

피해자 의식에 기반하는 한국인의 한(恨)은 일본인을 미워하게 하고 한국인 사이에 분열을 낳게 된다. 반면 가해 의식에 기반하는 일본인의 수치심은 과거를 부정하거나 회피하게 하여, 한국인을 향해 혐오를 분출하게 한다. 이런 모습들은 식민 지배·피지배가 남겨놓은 정신적 상처다. 천황의 상징 책임은 이중의 효과를 낳을 수 있을 것이다. 한국인의 마음의 한을 풀어주어 '반일증(反日症)'을 치유해 줄 것이며, 일본인의 굴절된 심리를 풀어주어 '혐한증(嫌韓症)'을 잠재워줄 것이다. 상징 책임은 상호 치유를 위한 묘약이다.

한국에는 더 큰 효험이 기대된다. 반일증의 치유는 국민 화합이라는 효과로 이어질 것이다. 애국과 반일의 이분법적 대립에서 벗어나게 되어 분열을 극복하고 화합을 향해 전진할 수 있을 것이다. 한국이 천황을 초대해야 하는 이유가 바로 여기에 있다. 자력 구원의 길을 택한 한국에게 상징 책임이라는 일본의 화답은 개선된 한일 관계의 공고화를 위한 촉매제가 될 뿐만 아니라, 한국인의 정신적 트라우마를 치유하는 해독제가 되어 한국에게 절실한 국민 화합을 가져올 것이다. 제3자 변제가 남겨놓은 물컵의 반은 상징 책임으로 채울 수 있을 것으로 기대한다.

역대 한국 대통령들은 천황의 방한을 언급했다. 김대중 대통령은 취임 첫해 일본 국빈 방문에 앞서 "천황이 방한하실 때 한국 국민이 따뜻하게 환영할 분위기를 만들고 싶습니다"라고 말했다. 1998년 파트너십 선언 당시 김대중 대통령은 공동 기자회견에서 일본 천황의 방한 문제에 대해 "이웃나라에 있으면서 국교 수립 후 33년이나 지났으나 아직 천황의 방한이 이루어지지 않았다는 것은 매우 부자연스러운 일"이며 "천황이 한국 국민의 따뜻한 환영 속에 방한할 수 있는 기회를 가져올 것"으로 믿는다고 말했다. 아울러 천황 방한을 위해 "한국 정부도 노력할 것"이고 "천황의 방한이 한일 관계를 긴밀하게 발전시키는 데 상당히 큰 공헌을 할 것으로 기대"한다고 덧붙였다.

김대중 대통령이 1998년 10월 7일 일본 방문 첫날 황궁에서 열린 만찬장에서 아키히토(明仁)를 향해 '천황 폐하'라는 극존칭으로 예우하며 술잔을 부딪치고 있다. (연세대 김대중도서관)

김대중 대통령은 자신의 재임 중 천황 방한을 성사시키지 못했지만, 퇴임 직전인 2003년 1월 24일 외신 기자회견을 통해 다음 정권도 한일 관계에서 부족한 점은 서로 보완하면서 더욱 발전시켜 일본 천황이 방한하는 "유종의 미"를 거두길 바란다고 당부했다.

노무현 대통령도 2004년 일본 방문에서 김대중 대통령의 입장을 재차 확인한 바 있다며 천황은 이미 초청한 상태라는 입장을 가졌다. 그리고 2005년 연두 기자회견에서 한일 관계를 한 단계 높이기 위해 천황 방한을 추진할 생각이 있는가 라는 일본 언론의 질문을 받고, 그는 역사 문제의 처리도 병행해가겠지만, "언제든 방한한다면 최고의 예우로 환영한다"고 밝혔다.

2008년 이명박 대통령은 아키히토 천황을 만나 한국 방문을 정식 요청했다. 그는 "사전에 얘기하는 것은 예의에 맞지 않지만 일본 천황이 굳이 한국을 방문하지 못할 이유는 없다"고 말했다.

당시에는 그만한 이유들이 있어서 방한이 실현되지 않았지만, 이제 시기상조로 천황의 방한을 미룰 이유가 없다. 시기상조란 우유부단의 다른 말일 뿐이다. 나는 빠르면 빠를수록 좋다고 생각한다. 한국은 최고 수준의 문명국이다. 한국 문화는 손님을 맞이해 예를 다한다. 결코 결례나 불상사는 없을 것이다. 일본의 결단만 남았다. 진심을 담은 천황의 한마디는 길었던 역사 갈등에 종언을 고하고 미래로 향하는 길을 열어줄 것이다.

13장 한일 신조약을 체결하자

선언과 조약의 차이

역사 화해는 점진적 과정의 어느 시점에 도약의 순간이 펼쳐진다. 정치 지도자는 그 순간을 포착하여 역사적 전환점을 마련한다. 국교정상화 60년을 맞이하는 2025년이 도약의 시점임을 나는 몇 차례에 걸쳐 말했다. 2023년 4월에서 5월 사이에 이루어진 관계 개선 직후인 6월 30일자 칼럼에서 한일 신조약을 체결하여 한일 화해 3.0 시대로 뛰어넘어야 한다고 제안했다.

그런데 나의 제안과 결을 달리하는 기사가 전해졌다. 2023년 9월 20일 윤덕민 주일본대사가 블룸버그 통신과 한 인터뷰 기사였다. 한일 공동선언을 만들어낸 김대중 대통령의 정신과 위업을 계승하여 국교정상화 60주년에 즈음한 '신한일 공동선언'을 추진하겠다는 취지였다. 윤 대사의 의도는 분명하다. 그 역시 개선된 한일 관계를 공고화하기 위한 방안을 제시한 것이다. 그의 구상도 하나의 방안이 될 수 있다. 그러나 신한일 공동선언은 '한일 화해 2.5'에 머무는 것이다. 따라서 왜 지금 한일 신조약을 체결하여 한일 화해 3.0을 지향해야 하는지를 11월 7일 열 번째 칼럼에서 발신했다.

한일 화해 새 시대 열려면 구속력 있는 조약 필요

　러시아의 침공으로 시작된 우크라이나 전쟁이 2년 가까이 진행되는 와중에 팔레스타인 무장 정파 하마스가 지난달 7일 이스라엘을 기습 공격하여 중동에서도 전쟁이 벌어졌다. 미국과 패권 경쟁을 하는 중국의 대만 침공 시나리오가 동아시아 지역의 안보 이슈로 부상하고, 북한의 핵·미사일 위협이 상수가 된 한반도에 기습 도발의 우려까지 더해졌다.

　자신의 힘만으로는 국가 안위를 보장할 수 없는 한국으로서는 지난 8월 캠프 데이비드에서 만들어진 한미일 3국 협력체의 존재 의의를 새삼 실감하게 된다. 협력체의 약한 고리인 한일 관계를 더욱 진전시키기 위한 후속 조치가 필요하다.

　한일 외교 최전선에 나가 있는 윤덕민 주일본대사는 지난 9월 20일 블룸버그 통신 인터뷰에서 일본과의 관계를 한 단계 끌어올려 미래지향적 관계를 구축하기 위해 신한일 공동선언의 가능성을 살필 의향이 있음을 밝혔다. 유럽과 같은 국경 없는 관계를 염두에 두고 밀접한 연계를 모색하며, 1~2년 내 국빈급 방문 기회를 가져 도쿄 또는 서울에서 공동선언을 하고 새로운 양국 관계를 구축하겠다고 표명했다.

　윤석열 정부는 출범 이후 한일 관계를 도약시킨 김대중 전 대통령의 정신과 그 산물인 한일 공동선언을 계승하겠다는 점을 분명히 해왔다. 그 연장선에서 윤 대사는 국교정상화 60주년에 즈음한 신한일 공동선언의 구상을 밝힌 것이다. 그러나 1998년 김대중 대통령과 오부치 총리가 발표한 한일 공동선언의 새로운 버전이 현시점에서 적실성이 있는지를 검토해볼 필요가 있다.

　이 선언은 20세기의 한일 관계를 마무리하고 21세기 새로운 한일 파트너십을 구축하는 것을 목표로 했다. 식민 지배 과거를 청산하고 미래로 향한 역사 화해를 위한 철학적 토대로 책임론적 화해론이 사용되었다. 이는 오부치 총리가 과거 식민지 지배에 대한 책임을 반성과 사죄로 표명하고, 김대중 대통령이 오부치 총리의 책임 표명을 수용하여 화해와 협력으로 새로운 시대를 열어가는 것이 시대적 요청이라고 화답한 데서 확인할 수 있다.

정치·안보·경제 및 인적·문화 교류 나아가 국제적 이슈에 이르기까지 폭넓은 분야에 걸친 43개 항목의 구체적인 행동 계획을 부속 문서에 담았다. 양국 간 대화 채널을 확충하기 위해 정상회담을 연 1회 정례화하고, 외교장관 회담을 비롯한 각료 간 협의를 더욱 긴밀히 하며, 자유로운 의견 교환을 위한 각료 간담회를 개최하기로 약속했다. 이 선언으로 한일 화해 2.0 시대가 펼쳐져 양국 관계는 비약적으로 발전했다.

그러나 이후 한일 관계는 화해는커녕 악화를 거듭하다 파탄 직전까지 이르게 된다. 그 좋은 내용의 행동 계획들은 흔적조차 찾기 어렵다. 책임론적 화해론은 역할을 다한 듯하고 공동선언이 설정한 목표는 달성되지 못했다. 다양한 이유와 원인이 거론될 수 있다. 나는 선언이라는 형식이 갖는 한계에 주목하고자 한다. 프랑스와 독일의 사례는 이 한계를 명확히 확인할 수 있는 비교의 준거가 된다.

1963년 드골 대통령과 아데나워 총리는 '프랑스·독일의 화해·협력 조약'을 체결했다. 프랑스 엘리제궁에서 회담을 마친 두 정상은, 프랑스·독일 국민의 화해가 수 세기에 걸친 대립에 종지부를 찍는 역사적 사건이며, 양국 간 협력을 강화하는 것이 통합 유럽으로 향하는 필수적인 단계임을 선언했다. 이 공동선언에 따라 양국 간 합의된 협력 조항을 열거한 조약문에 양 정상과 함께 프랑스 총리와 외교장관, 독일 외교장관이 서명했다.

이 조약의 내용은 조직과 프로그램으로 구성되었다. 조직의 규정은 구체적이다. 양국 정부의 수반은 연 2회 정상회담을 개최하고, 프로그램 실행을 감독하는 외교장관은 연 3회 이상 회합하고, 고위 공무원들은 본과 파리에서 매월 회의하고, 협력을 모니터링하는 부처 간 위원회를 구성한다. 이러한 조직이 추진할 프로그램이 외교·국방·청소년 교육의 세 분야로 나뉘어 열거되었다.

조약 체결 이후 양국은 통상·안보·유럽 통합 등에 관한 관점이 달라 대립하기도 했고, 양국 내의 정치적 반발과 변덕스러운 여론에 부딪히면서 정상회담이 여러 차례 위기를 맞기도 했다. 그러나 정권이 바뀌면서도 조약은 유지되었고, 결정적인 국면에서 긴밀한 협조로 상호 신뢰를 축적하여 화해·협력 관계를 발전시켜 나갔다.

이것이 가능했던 것은 조약이 갖진 법적 구속력 때문이다. 양국 간 상황이 악화하여도 조약에 규정된 조직은 유지·개선되어 불가역적 제도화의 과정을 밟았다. 이를 원동력으로 마침내 유럽 통합이 이루어졌고, 2019년에 마크롱 대통령과 메르켈 총리는 변화한 시대적 과제에 대응하기 위해 엘리제조약을 업그레이드하여 아헨(Aachen)조약을 체결했다.

이렇듯 화해·협력 관계의 구축이라는 목표는 같았음에도 엘리제조약과 한일 공동선언의 결과는 전혀 달랐다. 법적 구속력을 가진 조약과 그렇지 않은 정치적 선언이라는 형식의 차이는 명백하다.

윤 대사가 인터뷰에서 표명한 신한일 공동선언 구상이 1998년 한일 공동선언과 같이 단순한 선언의 형식에 그쳐서는 안 될 것이다. 철학적 토대 또한 동력을 소진한 책임론적 화해론에 의지해서도 안 될 것이다. 나는 포용론적 화해론에 기반을 둔 한일 신조약의 체결이 더 바람직하다고 생각한다.

일본이 우려하고 윤 대사도 인터뷰에서 언급한 한국의 정권 교체에 따른 대일 정책의 전환과 그에 따른 한일 관계의 역행을 반복하지 않기 위해서도 조약의 형식이 되어야 할 것이다. 상황이 변하면 버려질 화려

한 문장의 선언보다 단 한 조항일지라도 구속력을 갖는 조약이 귀중하기 때문이다.

조약은 국회 비준을 요구하기에 양국 정부의 합의만으로 가능한 공동선언보다 어렵다. 내년 4월에 총선이 치러진다. 결과와 관계없이 새로 구성된 국회에서 정치가 복원되고 여야 합의를 통해 신조약이 비준되어 한일 화해 3.0 시대가 열리기를 기대한다.

1963년 1월 22일 프랑스 파리 엘리제궁에서 콘라트 아데나워 서독 총리와 샤를 드골 프랑스 대통령이 '프랑스·독일의 화해·협력 조약인 엘리제 조약에 서명한 후 포용하고 있다.(독일 슈피겔)

신조약의 내용

신조약의 내용은 1965년 조약을 인정하고 그 위에 미래로 향하기 위한 것이어야 한다. 2023년 6월 30일자 칼럼에서 말했듯이 한일 신조약이 식민 지배의 불법성 여부와 같은 1965년 한일 조약에서 봉합한 사안을 의제로 삼아 해결하려고 한다면 합의에 이르지 못할 것이다. 그 대신 한편으로는 지속하고 있는 과거사 문제들이 악화되지 않도록 방안을 모색하고, 다른 한편으로는 새롭게 등장하는 현재적 과제를 협력적으로 대처하는 데 협의를 집중하여 도출된 방안들을 제도화해야 할 것이다.

한일 신조약은 치유를 위한 조약이어야 한다. '기억의 사입'을 최우선의 조항으로 구성해야 한다. 본원적 상처를 마무리하고 파생적 상처가 덧나지 않게 하는 사업에 역점을 두어야 한다. 그 다음은 번영을 위한 조약이어야 한다. 공동 번영을 위한 사업들이 합의되어야 한다. 글로벌 차원의 협력 사업이 포함되면 좋을 것이다. 마지막은 그 사업을 추진하기 위한 조직을 제도화해야 한다.

윤석열 정부가 출범하기 직전인 2022년 4월 5일 나는 첫 번째 칼럼에서 징용자 문제의 해법으로 문희상 법안을 여야 합의로 재추진할 것을 제안했었다. 그러면서 그 법안의 통과 여부가 출범하는 윤석열 정부의 협치를 가늠하는 시금석이 될 것이라고 말했다. 그러나 애석하게도 협치를 통한 문희상 법안의 통과가 아닌 정부 여당만의 의도대로 진행할 수 있는 제3자 변제로 징용자 문제는 마무리되었다.

이번 칼럼이 게재된 2023년 11월 7일 나는 국회 비준이 필요한 조약 체결을 제안하면서 2024년 4월에 예정된 22대 총선 이후에 새로 구성된 국회에서 정치가 복원되고 여야 합의를 통해 신조약이 비준되기를 희망했다. 그러나 5월 30일 선출된 의원으로 구성된 22대 국회가 개원했지만, 여야 간의 갈등은 21대보다 심한 양상을 보이고 있다. 당분간 조약 체결은 어려워 보인다. 그러나 조약은 반드시 필요하다.

14장 한일 화해위원회를 설치하자

화해위원회의 필요성

정치적 화해에서의 가장 중요한 행위자는 정부다. 정부는 자국의 피해자·가해자, 시민단체, 일반 국민 등의 의사를 결집하여 상대국 정부와 외교적 협의를 통해 화해를 모색한다. 정부 중에서도 외교부가 주도하게 되는데, 한일 역사 문제는 국내적 제약을 크게 받기 때문에 오로지 외교부의 권능만으로는 난제를 풀어가기 어렵다. 외교부 본연의 직책에 충실할 경우 오히려 화해의 과정에 부정적인 영향을 끼치게도 된다. 징용자 문제를 풀어가는 과정에서 외교부가 대법원에 의견서를 제출하거나, 양금덕 할머니의 서훈을 중지시킨 사례가 이에 해당한다.

윤석열 정부가 징용자 문제 해결을 모색하기 시작했을 때부터 나는 이러한 외교부의 한계를 지적하고 범정부 차원의 컨트롤타워가 필요하다고 주장했다. 그런 것이 있었다면 아마도 제3자 변제안보다 더 좋은 내용을 지닌 문희상안이 적극적으로 검토·실현되었을지도 모른다. 이런 배경에서 2024년 1월 26일 한일 화해위원회의 설치를 제안하는 열한 번째 칼럼을 발신했다.

> **개선된 한일 관계를 공고히 하려면 화해위원회를 설치해야**
>
> 윤석열 정부는 국익론에 기반을 둔 제3자 변제안으로 징용자 문제를 돌파하고 캠프 데이비드 정상회담을 끌어냄으로써 국면을 전환했다.

지금까지의 경로를 부정하고 새로 다른 길을 찾기는 쉽지 않다. 미래 세대를 위해서는 개선된 한일 관계가 역행하지 않도록 미진한 부분을 보완하면서 전환된 국면을 공고히 해야 한다.

공고화는 크게 두 방향에서 가능하다. 하나는 합의된 사안을 제도화하여 지속성을 담보하는 것이고, 다른 하나는 피해자의 상처와 국민 감정을 치유하는 것이다. 나는 내년 국교정상화 60주년을 앞두고 치유의 방향에서는 천황 방한을, 제도화의 방향에서는 한일 신조약 체결을 제안한 바 있다. 이 두 사안은 국내 합의를 바탕으로 양국 간에 원만한 협의가 선행되어야 한다. 이를 위해서는 국면 전환 시 발휘된 거친 돌파력보다는 공고화에 필요한 섬세한 조정력이 요구된다.

문제는 누가 추진할 것인가, 즉 추진 주체에 있다.

우선 외교부를 생각해볼 수 있다. 그러나 외교부는 선뜻 전면에 나서기 어렵다. 지난 제3자 변제안 도출 과정에서 대법원에 제출한 의견서와 양금덕 할머니 서훈(인권상)에 대한 이견 제시로 불신의 대상이 되었다. 게다가 컵의 남은 절반은 채우지도 못한 상황이지 않은가? 이보다 더 근본적인 이유는 다뤄야 할 사안들이 단순한 외교 문제가 아니라, 국내 정치, 특히 적대적 진영 대립의 양상을 보이는 팬덤 정치와 맞물려 있기 때문이다. 정쟁에 휘말려버리면 외교부는 움쭉달싹 못하게 될 것이다.

상당한 권한을 가진 국가안보실장급 인사가 핫라인을 통해 물밑에서 진행하는 방식은 불투명성으로 인하여 밀실 야합이라는 비난을 피하기 어렵다. 지일·지한파 국회의원 간의 네트워크는 작동하지 않은 지 오래되었고, 한일의원연맹 회원들은 당파성에서 벗어나기 어렵다.

그렇다면 누가 주체가 되어 난제를 풀어가며 추진해갈 수 있겠는가? 실마리를 임진왜란 이후 쓰시마의 역할에서 찾아보자.

1598년 도요토미 히데요시가 죽자 일본군이 철수하고 이듬해 참전했던 명군도 철수하여 임진왜란은 끝났다. 정권을 장악한 도쿠가와 이에야스는 쓰시마 번주에게 협상권을 주고 조선에 국교 재개를 요청해 왔다. 협상 시작 10년 만인 1609년 기유조약이 체결되어 국교정상화가 이루어진다.

오랜 시간이 걸린 이 협상은 3자의 이해관계가 맞아떨어져 진행되었다. 전후 질서를 재구축해야 하는 조·일 양국과 그 사이에서 생존을 도모해야 하는 쓰시마번의 삼각관계다. 조선은 끌려간 포로 송환 등 전후 문제 해결과 북방에서 흥기하는 여진 세력 때문에 일본과의 적대적 관계를 지속하기 어려웠다. 새롭게 출범한 도쿠가와 막부도 안정된 통치를 위해서는 조선과의 관계 정상화가 필요했다. 비록 도쿠가와 쇼군의 지배 하에 있지만 조선과의 무역 없이는 생존하기 어려운 쓰시마는 국교 회복을 위한 중재에 혼신의 노력을 쏟았다.

조선과 일본은 오늘날의 한국과 일본보다 훨씬 거리가 먼 나라였다. 임진왜란에 대한 인식과 평가는 물론, 정치체제도 사회 문화도 전혀 달랐다. 양국의 정점에 있는 조선 국왕과 막부 쇼군은 서로를 이해하고 공존하는 것 자체가 불가능했다. 여기에 완충 지역 쓰시마와 중재자 쓰시마 번주의 존재 이유가 있었다.

조선은 국교정상화의 조건으로 도쿠가와 쇼군이 먼저 조선 국왕에게 국서를 보내올 것을 쓰시마 번주에게 요구했다. 당시 외교 관습상 먼저 국서를 보낸다는 것은 상대국에 공손히 순종한다는 의미였기 때문에 쇼군이 이 요구에 응할지 가늠하기 어려웠다. 결국 번주는 쇼군 몰래 국서를 위조하여 조선에 보냈고, 이어서 조선 국왕의 회신 국서를 은밀히 고쳐서 쇼군에게 바쳐가며 협상을 진행했다. 그리고 마침내 기유조약이 체결되고 조선통신사가 파견되어 이후 250년에 이르는 평화의 시대가 도래하게 된다.

쓰시마의 국서 위조를 조선은 협상 당시 눈치채고 있었으나 묵인했고, 쇼군은 조약 체결 이후에 알았으나 죄를 묻지 않았다. 그 이유는 분명하다. 국교정상화를 위한 쓰시마의 방편적 노력의 필요성을 인정했기 때문이다. 여기서 쓰시마 번주가 가문의 명운과 번의 존망이 걸린 위험천만한 행위를 할 수 있었던 요인이 무엇이었는지를 살펴보자.

참과 거짓, 선과 악으로 이분되지 않는 외교 현실에 대한 냉철한 인식을 갖고 있던 쓰시마는 전후 국교정상화의 필요성을 확신하고, 수단 선택에 있어 유연하게 사고하고 있었다. 아울러 외교 관행과 절차에 대한 깊은 실무적 지식을 갖고 있었다. 따라서 담대한 사고와 치밀한 실행으로 양국 사이의 차이를 중재·조정하며 소기의 목적을 달성할 수 있었다.

지금이 개선된 관계의 공고화가 필요한 시점이라면 쓰시마와 같은 역할을 해줄 주체가 요청된다. 나는 한국의 한일 화해위원회와 일본의 일한 화해위원회 그리고 양국의 공동 화해위원회를 제안한다. 화해위원회는 언제든지 부상할 역사 문제와 관련된 사안들을 관리하고, 천황 방한이나 한일 신조약 체결과 같은 앞으로 필요한 사안을 기획할 것이다.

한일 우호 협력이라는 기치 아래 화해위원회는 양국의 견해 차이로 인한 현실의 제약을 살펴 가며, 상호 신뢰를 기반으로 전문 지식을 활용하여 이견을 조정하고 지혜로운 방안을 찾아갈 것이다. 양국은 세계 최고 수준의 문명국이지 않은가? 편협한 민족주의와 국민 정서에 매몰되지 않고 단순한 국익을 넘어서 지난날의 상처를 상호 치유하는 상생적 어프로치가 가능할 것이다.

> 화해위원회가 작동하게 되면 리더십 교체와 무관하게 미래를 향한 노력이 안정적으로 지속할 것이다. 프랑스와 독일의 우호 협력 관계가 유럽공동체를 창출했듯이 화해위원회는 한일공동체 형성의 모태가 될 것으로 기대된다.

화해위원회는 위원회를 구성하는 위원과 그들의 행위를 통해 그 나라의 '문화 지성'의 수준을 보여주게 된다. 위원장을 포함한 위원 선정에 각별한 주의를 기울여, 인품·지식·지위 면에서 균형 잡힌 인물을 선정해야 할 것이다. 위원회는 과거의 사실, 현재의 지혜, 미래의 희망이라는 세 가지 관점에서 앞으로 발생하는 사안을 논의하고 방안을 마련해야 할 것이다.

포용의 심판대가 작동해야

2024년 1월 29일 개선된 한일 관계에 찬물을 끼얹는 사안이 발생했다. 군마현에 20년 전 세워진 조선인노동자추도비가 헐렸다. 이 추도비는 조선인들에 대한 강제동원 및 노역의 역사를 반성하고 기억한다는 의미로 지난 2004년 시민단체 주관으로 군마현 의회의 동의를 얻어 10년 기한으로 해당 장소에 건립됐다. 추도비 앞면에는 "기억 반성 그리고 우호"라는 글이, 뒷면에는 "조선인에 대해 크나큰 손해와 고통을 입힌 역사 사실을 깊이 새기고 진심으로 반성"하며 "과거를 잊지 말고 미래를 내다보며 새로운 상호 이해와 우호를 바란다"는 글이 쓰여 있다.

철거 전날인 2024년 1월 28일 군마현 다카사키시 '군마의 숲' 공원에 있는 조선인노동자추도비 앞에서 시민들이 추도식을 하고 있다.(중앙일보)

    일본 시민들의 염원이 담긴 이 추모비가 수난을 겪게 된 것은 2012년 추도제에서 한 참가자가 '강제연행'을 언급한 걸 우익단체들이 문제 삼으면서다. 군마현 당국이 추도비 설치를 허가하면서 붙인 '정치적 행사를 하지 않겠다'는 조건을 위반했다는 이유로 2014년 6월 우익단체는 추도비 철거 청원을 냈고 이를 현 의회가 채택했다. 이후 현 당국은 기간 연장 불허를 결정했고 시민단체가 이에 반발하면서 법원에서의 다툼이 시작됐다. 시민단체와 현 당국 간 법정 다툼은 2022년 일본 최고재판소의 결정으로 마무리됐다. 최고재판소는 현 당국의 손을 들어줬던 2021년 도쿄 고등재판소의 판결을 그대로 유지했다. 이에 군마현은 2023년 4월 철거 명령을 내렸고 시민단체가 시행하지 않자 현 당국이 시민단체를 대신해 추도비를 철거하는 행정 대집행을 실시했던 것이다.

    이에 대해 여당인 자민당 소속의 스기타 미오 의원이 사회관계망서비스(SNS)인 X(예전 트위터)의 본인 계정에 추도비 철거 결정을 환영하며

"거짓 기념물은 일본에 필요하지 않다"라는 메시지를 게재했다. 스기타 의원은 추도비 철거가 끝났다는 일본 기사를 인용하며 "정말 잘됐다"라며 "일본 내에 있는 위안부나 한반도 출신 노동자에 관한 기념비나 동상도 이를 따라야 한다"고 강조했다. 그러면서 그는 교토에 '징용공' 동상이 있다면서 "사유지라고 해서 철거할 수 없는 상태"라며 "이쪽도 빨리 철거할 수 있었으면 좋겠다"고 말했다.

역사 수정주의와 인종주의를 부추기는 이런 주장을 우려한 아사히 신문은 "전쟁 전 일본을 미화하는 풍조가 강해지는 가운데 현이 일부 세력으로부터 항의를 받고 정치적 중립을 내세워 무사안일에 빠져 있다면 이는 역사 조작에 도움을 줄 수도 있는 것"이라며 "매우 위험한 사태"라고 비판했다.

하지만 한국 정부는 철거 조치에 대해 비판의 입장을 내기는커녕, 오히려 최고재판소 결정에 따라 적절한 부지로 이전하는 것을 우선적으로 생각해볼 수 있다는 입장인 것으로 전해졌다. 외교부 대변인은 정례 브리핑에서 "이 사안에 대해서는 이미 일본 시민단체 그리고 또한 일본 최고재판소의 판결 등으로 일본 내에서도 필요한 절차가 진행되었던 것으로 알고 있다"며 "한일 양국 간 필요한 소통을 통해 이 사안이 우호 관계를 저해하지 않는 방향으로 해결될 수 있도록 기대하고 있다"고 말했다. 한국 정부는 공식적으로 추도비 철거 문제점을 직접적으로 지적하거나 철거 반대 의사를 명시적으로 밝히지 않았다. 이러한 한국 정부의 반응을 염두에 둔 듯 군마현 야마모토 지사는 "(한국과) 외교 문제로도 발전하지 않았다"고 말했다.

법치 국가에서 시민사회의 집단행동이 얽힌 이 사안에 대한 한국 외교부의 공식적 대응은 한계가 분명했다. 그렇다고 개인 연구자나 시민단체 활동가가 즉각적으로 대응하기도 어렵다. 만일 화해위원회가 존재했다면 훨씬 잘 대응했을 것이다. 앞으로도 이런 사안은 지속적으로 나타날 것이다. 그때마다 사안을 제대로 처리하지 못하고 적당히 넘긴다면, 불만이 축적되어 개선된 한일 관계의 공고화에 부정적인 결과를 초래할 것이다.

화해위원회가 설치되고 공고화를 거쳐 한일 화해 3.0으로 도약하게 된다면 이는 국가 간 화해에 있어 창의적인 모델이 될 것이다.

15장 사회적 화해로 이행하자

팬데믹 이후 변화한 시민사회 분위기

코로나19는 2019년 12월 중국 후베이성 우한시에서 원인 불명의 집단 폐렴으로 시작되어 이후 전 세계로 확산되었다. WHO(세계보건기구)는 2020년 1월 30일 코로나19에 대해 '국제적 공중보건 비상사태'를 선포한 데 이어 3월 11일에는 팬데믹(세계적 대유행병)을 선포했다. 코로나 팬데믹은 2018년 10월의 대법원 판결 이후 악화를 거듭하며 열전으로 치달았던 한일 관계에 일종의 냉각수와도 같은 역할을 했다. 정부 간 관계로부터 시민사회 교류에 이르기까지 빠르게 동결되어버렸다.

팬데믹 선포 이후 3년이나 지난 2023년 5월 5일 WHO는 코로나19에 대한 비상사태를 해제하자, 한국 정부도 5월 11일 사실상 코로나19 비상사태 종식을 선언했다. 그사이에 많은 것이 변화했다. 한일 관계에 한정하여 보자면 관계 악화의 두 주역인 아베 총리와 문재인 대통령이 정치의 장에서 퇴장했다. 2020년 9월 16일 총리직을 사임한 아베는 2022년 7월 8일 사망했고, 2022년 5월 문재인 대통령이 퇴임했다.

윤석열 대통령은 취임 이후 한일 관계 개선에 매진하여 2023년 3월 6일 제3자 변제안을 징용자 문제 해법으로 공표하고, 16일 전격적으로 일본을 방문하여 기시다 총리와 정상회담을 개최하여 관계 개선의 물꼬를 텄다. 때마침 코로나 팬데믹이 종식되어 일상적인 교류가 재개되고 해외여행의 빗장이 풀리자 일본을 찾는 한국인 여행자 수가 폭발적

증가했다. 환율 효과로 일본 여행의 부담이 줄었기 때문이기도 했지만, 윤 대통령의 결단으로 인한 관계 개선의 분위기가 크게 작용했다. 팬데믹의 냉각기를 지나 관계 개선에 들어선 상황에서 많은 한국인에게 이제 더 이상 일본은 이상한 나라가 아니었다. 그냥 가장 가까이 존재하는 보통 국가로 인식되었다. 한국에서의 이러한 변화는 일본에도 영향을 미쳤을 것으로 보인다. 2023년 말에 매우 흥미로운 기사가 전해졌다. 일본 Z세대(1996~2010년 출생자)가 유학을 떠나고 싶은 나라로 한국이 1위를 차지했다는 조사 결과가 나왔다.

허프포스트(Huffpost)에 따르면 IT기업 바이두의 앱 '시메지(Simeji)'가 2023년 12월 28일부터 2024년 1월 4일까지 일본의 10~24세 이용자 2348명을 대상으로 '유학 가고 싶은 나라 탑10'을 조사해 결과를 공개했다. 바이두는 "일본과 시차도 없으며 도쿄에서 항공편으로 약 3시간 정도 걸리는 가까운 곳"이라며 "최근 K팝의 인기가 영향을 미쳐 한국어를 공부하고 싶어 하는 사람들이 많은 듯하다"고 한국이 1위에 오른 이유를 설명했다. 응답자들도 선정 이유에 대해 '한국 그룹이나 드라마를 좋아해서' 또는 'K-pop을 좋아해서'라고 답한 것으로 전해졌다. 바이두는 "(한국의) 패션, 화장품, 메이크업을 선정 이유로 꼽은 사람들도 많다"며 "트렌드에 민감한 Z세대에게 큰 영향을 미친 것으로 보인다"고 설명했다.

한편 2위에는 미국이 올랐는데, 미국을 택한 이들은 꿈을 실현하기 위한 목적이 대다수였다. 선정 이유로도 '유명 대학에 진학하고 싶다'라거나 '실리콘밸리에서 IT를 배우고 싶다'는 의견이 꼽혔다고 한다. 이 조사에서 미국과는 다르게 일본의 Z세대에게 한국은 일상적 삶을 공유하는 편안한 나라라는 점을 확인할 수 있었다.

이 조사가 있기 얼마 전인 12월 중순에 도쿄대학 한국학연구센터의 도노무라(外村) 센터장으로부터 강연 요청이 들어왔다. 그 연구소에서는 한일 역사 문제의 논점을 탐구하는 시민강좌를 운영하고 있었는데, 이번에 윤석열 정부의 방침과 그에 대한 한국 시민사회의 반응, 그리고 앞으로의 한일 관계의 전망과 화해를 위한 방안 등에 대해 강연해달라는 것이었다. 나의 중앙일보 연재 칼럼이 일본판으로도 나가고 있었기 때문에 칼럼에 대한 일본 시민의 반응을 직접 확인해보고 싶은 생각도 들어 흔쾌히 응했다. 온라인 강좌여서 아쉽게도 현지에서 대면하지는 못했지만 일본 각지에서 60명 정도가 참여하는 강좌였기에 오히려 더 좋은 면도 있었다.

요청받은 내용을 중심으로 강연을 진행하면서도 칼럼을 통해 발신해온 나의 '포용론적 화해론'을 소개했다. 책임론적 화해론에 익숙한 일본 시민들이었기에 많은 질문을 받았다. 나의 견해가 의외라는 분도 있었지만, 질의응답을 거치면서 일본 시민사회가 나의 견해를 긍정적으로 평가하고 있다는 생각이 들었다.

사회적 화해의 시대로

이상 서술한 3가지 사례를 통해 나는 팬데믹이 종식된 2023년에 한일 간에 정부가 중심이 되어 진행되는 정치적 화해를 넘어서 시민이 중심이 되는 '사회적 화해'의 시대로 이행하고 있다는 생각이 들었다. 피해 당사자가 부재한 시대에 나타날 한일 화해의 모습을 미리 보는 듯한 느낌이 들었다. 한 시대가 저물고 새로운 시대가 다가오고 있었다. 이런 느낌에 확신을 심어준 사건이 생겼다. 일본 야구계의 히어로인 오타니 쇼헤이 선수가 한국에 왔다.

2024년 3월 15일 오후 인천국제공항 입국장 앞에는 푸른색과 흰색 옷을 입은 인파가 몰려 있었다. 노란색 통제선 앞 곳곳에는 환영한다는 현수막이나 포스터들이 걸려 있었다. 이들이 기다리고 있는 것은 미국 메이저리그(MLB) 인기 팀 로스앤젤레스(LA) 다저스의 선수단이었다. 20·21일 서울 고척스카이돔에서 샌디에고 파드리스와의 개막 2연전을 치르기 위해 우리나라로 들어오는 LA 다저스 선수단을 보기 위해 팬들은 이날 오전부터 인천공항에 장사진을 치고 있었다. 기다림 끝에 문이 열리고 오타니가 모습을 드러내자 입국장은 순식간에 열광의 도가니가 됐다. 팬들은 연신 휴대폰 카메라의 셔터를 눌러대고 종이와 유니폼에 사인을 해달라며 펜을 흔들기도 했다. 갓 결혼한 부인과 함께 방한한 오타니는 한일 교류의 새로운 장을 열었다. 4월 5일 열두 번째 칼럼에서 그 내용을 발신했다.

미국프로야구(MLB) 월드투어 서울시리즈에 출전하는 LA 다저스 오타니 쇼헤이가 2024년 3월 15일 인천국제공항을 통해 부인과 함께 입국하고 있다.(연합뉴스)

사회적 화해로 한일공동체를 향해 나아가자

서양 문명의 바람이 동아시아에 불어와 큰 파도를 일으킨 지 어언 한 세기 반이 지나고 있다. 천지가 개벽하고 삶의 양식이 바뀌었다. 새로운 문명의 바다에서 부침하던 동아시아 3국은 시차가 있기는 했지만, 문명의 파도를 타고 넘어 오늘에 이르렀다. 그들 각각은 당당한 모습으로 문명국에 도달했다.

밀려오는 거센 바람을 맞받으며 선진의 깃발을 휘날린 것은 일본이었다. 일본은 신문명을 접한 뒤, 구체제를 일신하고 새로운 국가를 건설해갔다. 그 과정에 우뚝 선 인물은 후쿠자와 유키치(福澤諭吉)였다. 계몽사상가였던 그는 1885년 3월 16일자 지지신보(時事新報)에 게재한 '탈아론(脫亞論)'이라는 칼럼에서 신문명을 향해 앞서가는 일본에 결단을 주문했다. 또 '구습'에서 벗어나지 못하는 이웃나라 조선을 안타깝다는 듯 일본이 조선과 함께 나아가기 위해 더는 기다릴 수 없다는 논리를 폈다. 그리고는 짐이 된다고 생각한 '오랜 친구'를 버렸다. 버리면서 그는 친구의 모습을 폄하하고 왜곡했다. 얼마 후 그의 주장을 따르는 후예들은 조선의 역사와 정체성마저 부정했다.

일본은 1951년 연합국과 평화조약, 즉 샌프란시스코 강화 조약을 맺은 이후 선진의 지위를 회복한 뒤 지난날의 부채를 줄여보고자 한국과 정치적 화해를 모색했다. 그것은 종교적 구원, 도덕적 응보, 법적 정의 실현을 통해 화해를 추구하는 종교적·윤리적 화해와는 거리가 멀었다.

정치적 화해에서 가장 중요한 행위자는 정부다. 정부는 자국의 피해자·가해자, 시민단체, 일반 국민의 의사를 결집해 상대국 정부와 외교적 협의를 통해 화해를 모색한다. 한일 양국은 1965년 국교정상화와 1998년 파트너십 선언을 거치면서 화해의 수준을 높여왔다. 근년에 이르러 격랑을 일으켰던 강제징용자 문제도 윤석열 정부 출범 이후 잔물결을 남기긴 했지만 큰 파고는 지나갔다. 책임론적 화해론에 기반했던 정치적 화해의 시대가 저물고 있는 것이다. '피해자 중심주의'가 지녔던 이상과 위력은 그 소명을 다한 듯하다. 식민 지배의 굴레를 벗어난 세대와 미래에 태어날 세대가 중심이 되는 세상이 눈앞에 있다.

나는 지난 1월 새로운 세상에 대비하기 위해 역사 문제를 둘러싼 한일 양국의 입장과 견해를 조정·중재하며 타협을 만들어갈 주체로 화해위원회를 제시한 바 있다. 화해위원회의 임무는 두 가지다. 하나는 정치적 화해의 시대를 마무리하고, 다른 하나는 사회적 화해의 시대를 열어가는 것이다. 일본 천황의 방한과 한일 신조약을 기획하고, 역사 문제의 잔물결을 관리하는 동시에 피해자의 상처를 치유하고 기억의 사업을 추진하는 것이 전자에 해당하는 임무다. 후자는 사회적 화해 차원에서 당당한 문명국인 한국 시민과 일본 시민이 교류·협력을 이뤄가는 기회의 장을 만드는 것이다.

물론 그런 교류와 협력은 정치적 화해의 시대에도 있었다. 그 자체는 새로운 것이 아니며, 지금까지 부침을 거듭하는 역사 화해 과정에서 크고 작은 역할을 해왔던 것도 사실이다. 그렇다면 무슨 차이가 있기에 정치적 화해의 시대에서 사회적 화해의 시대로 이행한다고 말하는 것인가?

지난해 이루어진 셔틀외교의 복원은 윤석열 정부가 단행한 정치적 화해 조치 중 하나였다. 올해도 양국 정상의 화해 의지를 견고하게 하고 그 결실을 맺기 위한 노력을 보여줄 필요가 있다. 지난달 14일 일본 민영방송은 "기시다 총리가 3월 20일 서울 고척돔에서 열리는 미국 프로야구 메이저리그 개막전을 참관하고 (한일)정상회담을 개최하는 방안을 검토하고 있다"고 보도했다. 이는 다분히 기시다 총리의 정치적 의도가 있는 방한 기획이라고 보았다. 기시다 총리가 4월 총선에 임하는 윤 대통령을 지원하는 동시에 일본 내에서 자신의 지지율을 높일 수 있는 기회로 삼으려했을 가능성이 있어서다. 이 이벤트가 성사됐다면 정치적 화해를 주도하는 '두 주역'에 포커스가 맞춰졌을 것이다. 기시다 총리의 방한이 불발됐지만 정치가 빠진 그곳에서 LA다저스 소속의 오타니 쇼헤이 선수가 새로운 화해의 바람을 일으켰다.

오타니는 지난해 LA 다저스와 9000억원이 넘는 계약을 맺었다. 이는 세계 프로 스포츠 사상 최고 금액으로, 광고 등 부가적인 수입이 1000억원을 넘길 것이라는 추정이 나오면서 오타니는 '1조원의 사나이'로 불린다. 그의 서울 방문에 동행하며 세간에 알려진 배우자가 보여준 겸손한 모습도 한국 팬들의 관심을 끌었다. 한국인이 열광한 건 그가 평소에 보여준 한국에 대한 애정도 작용했을 것이다. 그는 인스타그램 계정에 "한국은 내가 가장 좋아하는 나라 중 하나"라는 글을 올리기도 했다. 한국 팬들은 인천공항 입국장에서, 고척돔에서 '일본인 오타니'에 화답했다. 한국인과 일본인이 서로 상대를 좋아한다고 공개적으로 표현하며 교류하고, 그 얘기가 매체를 타고 사회에 퍼지는 시대가 되었다. '오타니 현상'이 한국 사회에 끼친 영향은 양국 정상의 정치적 이벤트보다 훨씬 깊고 컸다.

'시대의 이행'을 보여주는 장면이다. 나는 여기에서 어두운 과거를 짊어지고 무거운 책임의 하중을 견디며 진행되어온 정치적 화해의 시대가 저물고 있음을 확인했다. 그리고 실력과 겸손이라는 보편적 가치를 인정하고 일반인들이 상대를 좋아한다는 원초적 감정을 스스럼없이 드러내는 모습에서 밝은 미래를 향해 전진하는 사회적 화해의 시대 개막을 느꼈다. 화해위원회의 임무는 앞으로 사회적 화해의 그물망을 촘촘히 짜는 것이다.

일본은 우리와 아주 오래전부터 알고 지내는 사이였다. 서양 문명이 동아시아에 불어 왔을 때 신문명에 심취한 후쿠자와는 우리를 '나쁜 친구(惡友)'라고 사절했다. 그의 후예는 우리에게 악행을 가해 깊은 상처를 주기도 했다. 하지만 이제 동아시아에 또 다른 문명의 바람이 일어나고, 디지털 혁명의 시대가 열리고 있다. 나는 마음속으로 일본을 포용한다. '좋은 친구(善友)' 사이가 되어 한일공동체를 향해 함께 나아가자.

후쿠자와를 넘어서다

이 칼럼에서는 메이지시대와 그 시대의 거목인 후쿠자와를 중첩시켜 논지를 전개했다. 특히 오랫동안 나의 마음 한 켠에 자리잡고 있던 '탈아론'을 불러냈다.

후쿠자와가 '탈아론'를 공언하기 한 해 전인 1884년 조선에서 갑신정변이 일어났다. 정변의 주모자 김옥균을 비롯한 박영효, 유길준, 서재필 등 개화당원들은 후쿠자와의 개화사상을 수용하고 일본을 모델로 하여 조선을 개혁하고자 했다. 후쿠자와는 자신의 나라를 개혁하겠다는 이들의 뜻을 높이 평가하여 적극 후원하게 된다.

김옥균은 1879년 개화승 이동인을 일본에 파견해 일본의 근대화 실태를 알아보게 했고, 1881년에는 스스로 일본에 건너가 메이지유신의 진전 과정을 돌아보고 후쿠자와를 포함한 대표적인 정치가들과 접촉하여 그들의 정치적 동향 등을 파악했으며, 1882년 수신사 일행으로도 참가하여 정치가들에게 협조를 구했다.

조선 개혁에 동감한 후쿠자와는 1882년 7월 23일 임오군란이 발발하자 요코하마 정금은행에서 17만 원의 대출금을 얻어 조선 측 배상금의 일부를 대신 납부해주기도 했다. 갑신정변 당시 그는 프랑스 공사의 함대에 일본 자유당의 민병대 청년들을 보내, 김옥균 일파를 지원하려고도 했다. 그러나 갑신정변이 실패하자 그는 조선 개혁에 대한 기대를 버렸다. 그리고 '탈아론'을 쓰면서 구습에서 벗어나지 못하는 조선을 '나쁜 친구(惡友)'라고 사절했던 것이다.

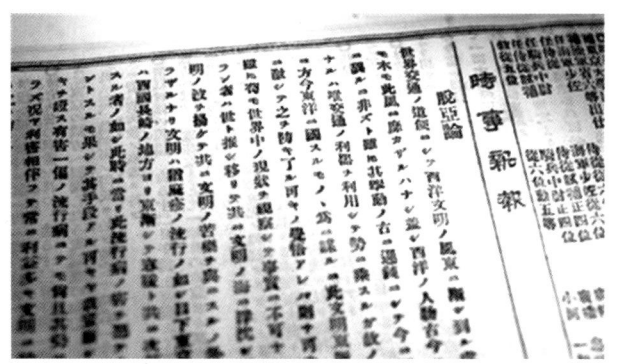

'탈아론'이 게재된 지지신보(時事新報). 당시의 신문이 게이오의숙(慶應義塾) 도서관에 보존되어 있다.(아사히신문)

 탈아론으로부터 한 세기가 지난 1992년 나는 일본 유학을 시작했다. 그때는 전후 일본이 전성기를 구가하고 있었으니 한국과의 격차는 상당히 컸다. 김옥균이 후쿠자와에게 가졌던 마음만큼은 아니었겠지만, 후쿠자와라는 존재는 내 앞에 놓인 거대한 장벽과도 같았다. 그로부터 30여 년이라는 시간이 지났다. 이제 이 칼럼의 마지막에 "디지털 혁명의 시대가 열리고 있다. 나는 마음속으로 일본을 포용한다. '좋은 친구(善友)' 사이가 되어 한일공동체를 향해 함께 나아가자"라고 쓰면서 나는 후쿠자와라는 벽을 넘어섰다.
 앞으로 또 30년이 지나면 한일 관계는 어떤 모습일까를 상상해본다.

16장 한일 화해공동체를 향하여

현대 중국이라는 도전적 과제

후쿠자와로 대표되는 '근대 일본'이라는 정치적·사상적 벽을 넘어서자 또 다른 벽이 한국의 눈앞에 들어왔다. 바로 '현대 중국'이라는 벽이다. 물론 그것은 근대 일본보다는 친숙한 벽이다. 오랜 역사적 과정을 거쳐 형성된 한국의 정체성에 중국과 공유하는 부분이 적지 않기 때문일 것이다.

한반도의 국가는 지정학적 위치에 기인하는 이런 벽들을 맞이하여 대응하면서 존속해왔고 앞으로도 그럴 것이다. 그러나 현시점을 전후하여 분명한 차이가 있다. 이전 시대의 한반도 국가가 주로 수동적이며 객체적인 입장에서 당대의 지정학적 도전에 대응했다면, 이후 시대는 한국이 능동적이며 주체적으로 선택하며 행위할 수 있는 여지가 열려 있다. 한국은 국제질서와 세계 문명의 당당한 행위자로서의 위상을 갖고 있고, 그에 따라 한국은 국제질서와 세계 문명의 앞길을 열어가는 데 선택 폭 또한 상당하다.

이제 현대 중국이라는 도전적 과제 앞에서 일본이라는 지난 과제를 주체적으로 정리해야 한다. 2024년 6월 14일 열세 번째 칼럼에서 일본 문제를 정리하고 미래로 향하기 위한 창의적 방안을 발신했다.

새로운 도전의 동아시아... 한일 공조 방안을 모색하자

지난달 27일 서울에서 한일중 정상회의가 열렸다. 2019년 8차 회의가 중국에서 열린 이후 4년 5개월 만에 재개된 이 회의에 대해 외교부나 일부 전문가는 3국 협력의 '정상화' 또는 '복원'이라는 의미를 부여했다. 그러나 이런 평가는 지난달 정상회의가 기존과는 성격이 달라졌다는 사실을 가려버린다. 이번 회의는 정상화나 복원이라는 의미도 있지만 '일본 문제'에서 '중국 문제'로 전환된 동아시아의 정세가 반영된 측면이 강하다.

코로나 팬데믹으로 그동안 회의가 개최되지 않는 동안 미중 패권 경쟁은 가속화됐고, 한국인 징용자 문제를 둘러싼 최악의 한일 갈등은 겨우 개선의 실마리가 마련됐다. 또 러시아의 우크라이나 침공으로 한미일과 북중러의 대립 구도가 형성되는 등 동아시아 지역 정세는 현격한 변화가 발생했다. 이제 제국주의 시대의 부정적 유산 처리와 관련된 일본 문제의 시대는 지나가고, 미래의 패권을 둘러싼 갈등 처리와 관련된 중국 문제가 동아시아 지역의 중심 사안으로 자리잡은 것이다.

1999년 '아세안+3'에 참석한 한일중 3국 정상은 그 연장선에서 첫 회동을 가진 이후 2008년 아세안과 분리되어 독자적으로 1차 정상회의를 개최했다. 당시 동아시아에는 1997년에 발생한 IMF위기를 극복하는 과정에서 유럽공동체인 EU를 모델로 한 동아시아 공동체론이 활발히 전개되고 있었다. 한일중 정상회의 역시 지역 협력과 통합을 지향하는 이런 공동체론을 기반으로 탄생했다. 그러다 2012년 일본에 아베 2차 내각이 들어서고, 이어서 2013년 시진핑 집권 1기가 시작돼 한일중 정상회의는 점차 공동체론의 본래 취지에서 멀어져 갔다. 이번 회의는 공동체론의 자취가 거의 사라지고 대신 중국 문제에 치중한 회의가 되어버렸다.

일본 문제의 시대가 지나갔음을 상징적으로 보여주는 에피소드가 있다. 정상회의 당일 일제강제동원피해자지원재단 심규선 이사장의 인터뷰 기사가 보도됐다. 이 재단은 윤석열 정부가 지난해 3월 결정한 강제징용 제3자 변제 해법을 실행하는 역할을 맡고 있다. 대법원에서 승소한 분들이 제3자 변제를 수용하겠다는 의사를 밝혔다. 하지만 그들에게 지급할 120억원이 부족한 상황이라며 심 이사장은 한일 양국 기업의 참여를 간곡히 호소했다. 한일 정상회담에서 긴급한 재원 문제 해결을 촉구하는 취지였을 것이다. 그러나 회담 이후 한일은 내년 국교정상화 60주년을 향해 협력을 강화하겠다는 원론적인 발표만 있었을 뿐이다. 적어도 이번 회담에선 일본 문제의 무게가 느껴지지 않았다.

최근 들어 한일 관계 개선의 동력이 약화됐다는 지적이 나오고 있다. 일본 기업의 참여 없이 한국 기업의 재원만으로 변제금을 충당하게 된다면 국민들은 쉽게 납득할 수 없을 것이다. 게다가 제3자 변제에 반대하는 분들의 판결금을 법원에 공탁하고 이 문제를 종결시키려는 정부의 시도 역시 법정 소송으로 막혀있는 상황이다. 앞으로 정부가 취할 수 있는 수단이 마땅치 않아 보인다.

이런 우려스러운 상황에 대해 정부는 어떤 생각을 갖고 있을까? 혹시 제3자 변제 판결로 큰 파도는 넘었으니, 앞으로 항의의 잔물결은 일겠지만 시간이 가면 자연스레 소멸할 것이란 생각을 하는 것일까? 그렇다면 이는 안이한 생각이다. 나는 '한일 문제는 국내 문제다'라는 명제를 사용한다. 한국에서의 한일 문제는 단순한 외교 문제가 아니라 근본적으로는 '국내 문제'이고, 한국 내 갈등이 일본과의 역사 관련 문제에 결정적인 영향을 준다는 점에서다. 심한 경우 한국 내 갈등은 국제정세의 흐름을 무시하거나 이에 역행하기도 한다. 지금처럼 국내의 진영 대립이 극심한 상황에서 한일 문제는 언제든지 재점화할 수 있다. 여기서 나는 이런 '국내 문제'를 해결하고, 동시에 현안으로 떠오른 '중국 문제'에 대응하기 위한 방법으로 새로운 공동체론을 제시하고자 한다. 바로 디지털·온라인 공간에 기반한 한일 화해공동체다.

디지털 혁명의 시대에 들어선 오늘날, 국민·영토·주권으로 구성된 전통적 국가 관념이 약화되면서 초국가 지역과 현상이 빠르게 증가하고 있다. 디지털 문명국 시민들의 삶에 있어 국가 간의 차이는 크지 않다. 그런 여건 위에 국가의 경계를 넘어서는 제3 섹터, 혹은 초국가적 공동체의 공간이 넓어지고 있는 것이다. 나는 지난 칼럼에서 최근의 한일 시민 간 교류에서 보이는 새로운 모습을 '사회적 화해'라는 개념으로 설명한 바 있다. 여기서 한 걸음 더 나아가 촘촘히 확대된 사회적 화해의 그물망을 버츄얼 공간에 구축하여 디지털 혁명의 시대에 부합하는 플랫폼을 만들 것을 제안한다.

디지털 한일 화해공동체에 참여한 사람은 공동체 시민권을 갖게 될 것이다. 일정한 세금을 내는 공동체 시민은 국가 차원의 이익에 구속되지 않고, 국가 사회의 감정 대립에서 벗어나 양식과 공감에 기반한 공동체 시민의 정체성을 소유하게 될 것이다. 공동체를 운영하는 거버넌스가 구성되고, 공동체의 사안을 숙의하고 결정하는 시스템도 구축될 것이다.

가정이긴 하지만 화해공동체가 다루는 사업은 두 방향에서 진행된다. 우선, 화해 지향적 관점에서 과거사 문제를 다룬다. 국가 영역에서 발생하는 과거사 문제로 인해 국가 시민들이 민족주의적 감정에 흐르지 않도록 견제·조정·중재하는 역할을 맡고, 피해자의 상처를 치유하고 추모하는 사업, 공동의 역사 교과서 편찬 등의 시도도 담당한다.

또 미래지향적 사업을 진행한다. 학술·문화·예술 등 다양한 분야에서 교류가 이루어지고, 온라인 상에서 도서관·박물관·전시관이 생길 것이다. 두 나라의 언어를 사용하는 학교도 만들 것이다. 물론 수익 사업도

빠질 수 없을 것이다. 멀게만 느껴지는 이런 구상들을 어떻게 실행할 수 있을까?

팬데믹이 한창이던 2021년, 내가 담당했던 학부 수업에서 당시 유행하던 메타버스를 활용한 적이 있다. 팀 별로 구성된 학생들은 '한일 역사 화해와 한일공동체'라는 주제로 메타버스 콘텐츠를 만들었다. 네이버의 제페토 같은 플랫폼에 한일공동체 월드를 만드는 것을 가정하고 거기에 담을 컨텐츠를 만들게 했다. 앞으로 메타버스 기술이 발전하면 한일 화해공동체 역시 그런 기술적 기반 위에 건설할 수 있을 것이다.

국가 시민권과 공동체 시민권을 공유하는 이중 시민권자가 증가하고 사업이 진척됨에 따라 '국내 문제'는 점차 완화되고, 한일 공조가 심화되어 '중국 문제'에도 효과적으로 대응할 수 있게 되기를 그려본다.

포용과 창조적 사고로 미래를 열자

나의 중앙일보 연재 칼럼은 처음부터 일본판으로도 나가고 있었다. 2024년 4월 5일자 열두 번째 칼럼인 "사회적 화해로 한일공동체를 향해 나아가자"를 읽은 일본 사가(佐賀)대학 장한모 교수님으로부터 자신의 학부 수업(아시아커뮤니티론)에서 특강을 해달라는 연락이 왔다. 흔쾌히 승낙한 나는 강연 제목을 "한일 화해공동체를 향하여"로 정했다. 자연스럽게 6월 14일자 열세 번째 칼럼에서는 생각해오던 화해공동체에 관한 구상을 좀 더 창조적으로 발전시켜 디지털·온라인 공간에 기반한 공동체론을 제시했다. 11월 14일 강연에서 나는 이 책에서 서술한 한일 역사 화해의 과정을 설명하고, 앞으로 디지털 한일 화해공동체 창설을 향해 함께 나아가자고 주장했다.

필자는 2024년 11월 14일 사가현 사가대학에서 "한일 화해공동체를 향하여"라는 주제로 특강을 하고 있다.(박홍규)

    중국의 부상에 동반하는 국제질서의 변화와 과학 기술의 획기적 발전에 따른 디지털 혁명 시대의 도래는 기존의 사고방식으로는 대응하기 힘든 난제들을 던져주고 있다. 해방 이후 열악한 여건 속에서 짧은 시간 안에 눈부신 성공을 거듭해온 한국이지만, 오히려 그렇기 때문에 기존의 성공 방식과 사고에 자만하거나 안주하여 새롭게 밀려오는 도전에 적절히 대응하지 못할 수도 있다.

    전후 일본이 전성기를 구가하고 있던 1992년 나는 일본 유학을 시작했다. 한국과의 격차가 상당히 컸던 그때로부터 30여 년이 지났다. 대한민국 국민들이 각자의 분야에서 분투하여 오늘날에 이르렀다. 이제 새로운 도전의 시대가 펼쳐지고 있다. 포용적이고 창조적인 사고가 미래를 열어가는 길을 밝혀줄 것이다. 디지털 한일 화해공동체의 탄생을 향해 나아가자!

나 가 며

역사는 도도히 흐른다

2023년 1월 12일 국회 의원회관에서 공개 토론회가 열린 지 두 달쯤 지난 3월 6일 박진 외교부 장관이 제3자 변제안을 징용자 문제에 대한 한국 정부의 해법으로 공식 발표했다. 곧바로 16일 윤석열 대통령이 전격적으로 일본을 방문하여 기시다 총리와 정상회담을 가짐으로써 문재인 정부 때 악화되었던 한일 관계가 개선의 길로 들어섰다. 그로부터 1년 반이 지났다. 큰 파도를 넘어서자 갈등을 빚었던 외교·안보 관계가 정상화되고, 경제 협력 및 민간 교류도 눈에 띄게 증가했다.

그러나 징용자 문제가 온전히 해소된 것은 아니다. 변제금 수령을 거부하는 분들이 공탁 소송을 진행하고 있고, 일본 기업이 기부금을 전혀 내지 않아 변제금 수령을 희망하는 분들에게 지급할 재원조차 부족하여 제3자 변제는 온전히 실행되지 못하고 있는 상황이다. 게다가 특별법을 제정하여 소송을 진행하지 못한 징용자와 유족들에 대한 보상을 실시하려던 계획도 2024년 4월에 실시된 총선에서 야당이 압도적 다수로 승리함으로써 국회에서의 특별법 제정은 어려운 실정이다.

총선 이후 개원한 22대 국회가 여야 간에 한치의 양보도 없이 진영 대결을 거듭하면서 한일 관계 개선의 동력이 점차 떨어져 가고 있는 와중에 7월 27일 사도광산이 세계문화유산으로 등재가 결정되자 한국 내에선 거센 후폭풍이 몰아쳤다. 좀처럼 가라앉지 않던 파장은 독립기념관장 임명을 둘러싼 충돌과 맞물리며 8월 15일 광복절 공식 행사마저 파행했다. 정부와 여당이 진행하는 공식 경축식에 불참한 광복회와 야당은 별도의 행사를 진행하며 윤석열 정부에 대한 첨예한 대립각을 드러냈다. 국민들은 두 쪽으로 갈라진 대한민국의 정치와 사회를 무거운 마음으로 바라보게 되었다.

어떤 일이 있었기에 이런 상황이 벌어진 것일까? 일반적인 외교 협상의 관점에서 본다면 이번 사안은 이렇게 큰 파장을 남길 정도로 잘못됐다고 보긴 어렵다. 오히려 사도광산을 세계문화유산에 등재하기로 결정된 이후 정부의 미흡한 대응이 신뢰를 주지 못하면서 논란이 정쟁화되어 파장이 커져 버렸다. 불신과 정쟁화를 야기한 원인은 윤석열 정부가 한일 역사 문제를 대하는 시각에 있다.

외교부는 일본의 강제동원에 대한 제3자 변제로 개선된 한일 관계를 발전시켜 양국의 화해를 증진시킨다는 기본 방침에 따라 사도광산 등재 협상에 임했다. 정부는 한국의 국익에 부합한다는 이른바 '국익론'에 기반을 두고 있는 이 방침에 따라 일본과 협상을 진행했고, 상대와 충돌하는 지점에서는 타협하고 마침내 등재에 찬성하는 합의에 도달했다. 이것은 외교부가 제공한 보도자료와 관계 당국자의 설명을 통해서도 확인할 수 있다. 보도자료는 한국이 사도광산의 세계문화유산 등재에 동의한 이유를 설명하며 일본 대표의 관련 발언을 소개했다. 일본 정부는 사도광산의 전체 역사를 종합적으로 반영한 전시를 하고, 노동자들을 진심으로 추모하며, 그동안 세계유산위원회에서 채택된 모든 관련 결정과 이에 관한 약속들을 명심할(bearing in mind) 것이라는 게 핵심이다. 또 일본의 이런 약속 이행 의지를 분명히 하기 위해 전시물을 사도광산 현장에 이미 설치했고, 향후 매년 사도섬에서 추도식을 개최할 것이라는 내용도 있다.

이 보도자료가 발표되자 국익보다 상처 치유를 통한 정의 실현을 중시하는 이른바 '치유론자'들의 다양한 비판이 제기되었다. 핵심은 강제성에 대한 명시적 언급이 없이 단지 '명심한다'는 간접적 표현에 그쳐, 2015년 군함도의 세계문화유산 등재 당시 일본이 인정한 '강제동원'이라는 지고의 명분을 지키지 못하고 후퇴했다는 것이다.

이에 대해 정부 당국자는 동원의 강제성 표현은 협상 대상이 아니었고, 이미 2015년에 확보한 강제성 명분을 전제로 이번 협상에서는 일본의 실질적 조치를 확보하는 데 협상력을 집중하여, 군함도 때보다 진전된 성과를 얻었다고 설명했다. 이것은 전형적인 '명분 대 실리' 논쟁으로 사안을 바라보는 관점의 차이에서 발생한다. 그러나 문제는 이 논쟁이 정쟁으로 확대되면서 파장이 커졌다. 다분히 일본 국내용으로 발신된 일본 보수 언론의 보도가 정쟁화의 촉매제가 되었다.

7월 28일 요미우리신문이 양국 정부가 강제동원 문구를 사용하지 않기로 사전에 의견을 모았다고 보도했다. 협상 과정에서 한국이 사도광산은 강제노동을 당한 피해 현장이라고 반발하며 대응을 요구했지만, 일본이 물밑 교섭에서 강제노동 문구를 사용하지 않는 대신 현지에 상설 전시를 하고 노동 환경의 가혹함을 소개하는 방안 등을 타진해, 한국이 최종 수용했다고 전했다.

외교부는 강제성 표현 사용 여부 자체는 협의 대상이 아니었다며 사전 합의는 사실무근이라고 해명했지만, 이 해명은 더불어민주당 이재정 의원의 질의에 8월 6일 외교부가 제출한 "전시 내용을 협의하는 과정에서 '강제'라는 단어가 들어간 일본의 과거 사료 및 전시 문안을 일본 쪽에 요청했으나 최종적으로 일본은 수용하지 않았다"라는 답변서로 인해 신뢰성을 의심받게 되었다.

이로 인해 국익론자와 치유론자 사이에 정쟁은 한층 가열됐고 서로 간에 분노를 자극하며 파생적 상처를 남겼다. 여기서 주목할 점은 분노의 대상이 일본이 아니라 자국 내 상대 진영을 향하고 있다는 점이다. 사용된 언어들은 '저자세 외교', '굴욕적 외교 참사', '제2의 경술국치', '정신적 내선일체', '친일 매국 밀정 정권' 등으로 점차 극단화했다.

사도광산 등재 발표 당시 외교부는 이런 분노와 상처를 남길 의도는 없었을 것이다. 그렇다면 후과를 가져올 것이란 예상은 했었을까? 예상하지 못했다면 '강제동원'이라는 네 글자의 무게감을 모르는 무능하고 무책임한 집단임을 자인하는 셈이 되고 말 것이다. 반면 외교부가 이런 후폭풍을 예상하고도 애초에 사도광산 사안은 잔불에 불과하고 진화에 필요한 비용은 한일 화해를 진전시키기 위해 감수할 수 있다고 판단했다면, 이는 오판이다. 나는 이러한 인식을 '강요된 화해'라고 정의한다.

윤석열 정부는 한일 관계에서 국민이 분열하고, 양국의 갈등이 악화되는 '지체된 화해' 현상을 개선하기 위해 제3자 변제를 결단했다. 사도광산의 세계문화유산 등재에 동의하고, 나아가 광복절 경축사에서 과거사를 언급하지 않은 것도 화해의 진도를 위해서였을 것이다. 그러나 광복절 직후 김태효 국가안보실 1차장의 "중요한 건 일본의 마음이죠. 마음이 없는 사람을 다그쳐서 억지로 사과를 받아낼 때 그것이 과연 진정한가"라는 발언은 안타깝게도 국민 분열에 기름을 붓는 격이 되었다. 이런 상황에서도 윤 정부가 '한일 화해를 진척시켜 가다보면 국민 화합도 따라올 것'이라는 신념으로 화해 정책에만 몰두한다는 건 화해에 대한 강요라고 할 수 있다. 국민 분열을 담보로 하는 식의 화해 시도는 지속 가능성이 현저히 낮아질 수 밖에 없다.

한일 화해는 국민 화합과 보조를 맞춰 진행되어야 한다. 어차피 국민 화합이 어렵다는 일방적 판단으로 대국민 설명과 설득을 포기하는 건 국정을 책임지는 자세가 아니다. 윤석열 대통령은 한없이 어렵게만 보이던 한일 갈등의 상황에서 진정성을 갖고 노력하면 한일 화해의 길이 넓혀질 것이라는 신념을 갖고 일을 추진해오고 있는 것으로 보인다. 그렇다면 하물며 일본에게도 그렇게 하는데 어찌 같은 국민에게 진정성을 갖고 국민 화합을 진행하지 못할 이유가 있겠는가!

외교부가 제공한 보도자료와 관계 당국자의 설명은 반대론자들을 설득하려는 시도보다는 정부 정책을 옹호하는 국익론자나 적어도 이를 부정하지 않는 중간 지대 사람들을 향한 발신이었다. 보도자료와 정부의 설명 대상은 치유론자들이어야 했다. 그들에게 선제적으로 배려하며 겸손하게 설명하고 설득에 나섰으면 좋았을 것이다. 이런 식으로 말이다. "이번 협상 과정에서 강제동원의 명분을 온전히 가져오지는 못했습니다. 문제의 연원이 1965년 한일 조약에서 시작하는 만큼 우리는 일본에게 강제동원 표현을 강하게 요구했지만 관철시키지 못했고 일정 부분 양보할 수밖에 없었습니다. 그 대신 실익을 챙기면서 한일 화해를 진전시켰습니다. 이번 협상이 만족스럽지 못할 것입니다. 송구스럽게 생각하며 양해를 구하는 바입니다." 치유론자를 포용하는 진정 어린 자세 전환과 국민 화합을 향한 노력 없이 한일 관계를 국익론에만 기대 '강요된 화해의 길'로만 간다면 어느 순간 막다른 골목에 다다를 것이다.

'지체된 화해' 현상을 개선하기 위해 힘든 진통 끝에 결단한 제3자 변제로 한일 관계 개선을 향한 돌파구가 마련되었다. 대한민국이 어디로 향해 가야 할지 답은 정해져 있다. 개선된 관계가 공고화의 길을 거쳐 어느 시점에선가 한일 화해 3.0으로 도약을 이루어야 한다는 것은 '당위적 명령'이다. 그러나 역사는 결코 한결같은 흐름으로 진행하진 않는다. 새로운 시대를 향해 빠르게 흐르다가도 장애물에 부딪혀 느려지기도 한다. 성급히 강요한다고 화해의 시대가 이루어지지는 않지만, 그 길을 향해 역사는 도도히 흐를 것이다.

부록

2024년 11월 15일 중앙일보(한반도평화워치) 열다섯 번째 칼럼

부록 : 2024년 11월 15일 중앙일보(한반도평화워치) 열다섯 번째 칼럼

'한일 화해재단' 설립해 한일 공조의 새로운 틀 만들자

이시바 시게루(石破茂) 일본 총리가 지난 11월 11일 연임에 성공했다. 지난달 1일 102대 총리가 됐지만 낮은 지지율 때문에 집권 한 달 만에 중의원을 해산하고 특별국회를 열어 총리 지명 선거를 다시 실시한 것이다. 평소 한국에 우호적인 생각과 견해를 밝혀온 이시바 자민당 총재가 총리에 오르자 한국에서는 전임인 기시다 후미오 총리 때보다 더 진전된 한일 관계를 기대한 게 사실이다. 윤석열 정부가 추진한 제3자 변제가 재원 부족으로 인해 정체하는 상황에서 이시바의 사죄 표명과 일본 피고 기업의 기금 참여가 돌파구로 여겨졌다.

그러나 일본 기업의 재원 조성 참여는 1965년 한일 청구권 협정으로 끝난 문제고, 일본이 미래 세대를 위해 더 이상 사과하지 않는다는 아베 전 총리의 '유훈'이 일본인의 마음과 뇌리에 있는 만큼 이시바도 쉽게 한국에 호응하는 행보를 취하기는 어려울 수 있다.

이시바는 자신의 권력 기반을 강화하려는 의도로 중의원을 해산하고 총선을 실시했지만 과반수 의석을 확보하는 데 실패했다. 11일 열린 특별국회에서 가까스로 총리직을 유지하긴 했지만, 당분간 국내 정치에 치중하며 지지율에 신경 써야 하는 입장이다. '섣불리' 한일 관계 진전에 적극 나서기 어려운 처지다.

도널드 트럼프 전 대통령으로 미국의 리더십이 교체되는 조건은 이

시바 정권의 명운을 좌우할 만큼 큰 파장을 일으킬 수도 있다. 한국과 일본 모두 '위대한 미국(Great America)'을 재현하기 위해 미국 중심주의를 내건 트럼프 당선인의 압박을 마주할 가능성이 크다. 북한의 핵·미사일 고도화 등 동북아 안보 위협은 한일 양국 모두에게 떨어진 발등의 불이다. 북한은 러시아에 밀착하는 수준을 넘어 자국의 병력을 러시아에 파병하며 기존 안보 질서의 틀을 흔들고 있다. 한일 양국 공조의 필요성이 어느 때보다 커졌고, 과거사에 발목이 잡혀 있을 여유가 없다. 앞으로 제3자 변제의 재원 문제를 해소하고 한일 관계를 한 차원 도약시키는 것은 '실행하면 좋고 안 해도 그만'이 아닌, 반드시 실행해야 할 '당위 명제'가 된 것이다.

이 과제를 해결하기 위해선 두 갈래의 길이 있다. 하나는 제3자 변제와 관련해 한국이 자체적으로 해결하는 길이다. 제3자 변제를 위한 재원을 국가 재정으로 충당하거나 청구권 협정으로 수혜를 입은 한국 기업이 제공하는 방식이다. 국가 재정으로 충당하는 문제는 민관협의회에서도 다뤘던 사안으로 당시에는 일본의 성의 있는 호응에 대한 기대가 있었고 국내 반발도 감안해야 했기에 채택되지 않았다. 반면 한국 기업의 참여는 실제로 작동하고 있다. 제3자 변제가 공식 해법으로 발표된 이후 지금까지 재판에서 승소한 이들에게 지급된 변제금은 모두 1965년 한일 기본합의서 때 일본에서 들여온 자금을 투입해 설립한 포스코에서 부담했다.

제3자 변제를 강하게 반대해오던 피해 생존자 양금덕 할머니와 이춘식 할아버지도 이를 수용한 만큼 한국 측만의 재원으로 마무리하는 것이 하나의 방법이 될 수 있다. 이 길은 두 차례에 걸쳐 강제징용 피해자에게 보상했던 역대 한국 정부의 방침과도 부합한다. 다만, 한국이 자력으로 해결하는 것은 아무래도 국민 정서와 거리가 있고, 향후 한일 관계 악화의 불씨가 될 우려가 있다.

그렇다면 일본과 함께 미래를 위한 화해의 관점에서 좀 더 바람직한 대안을 생각해봐야 한다. 내년은 한일 국교정상화 60주년이 되는 해다. 정부는 윤석열 정부 들어 호전된 한일 관계에 속도를 붙이기 위해 이미 국교정상화 60주년 준비 태스크포스(TF)를 만들었고, 민간에서도 양국의 교류·협력을 증진시키기 위한 다양한 방안을 모색하고 있다.

나는 제3자 변제의 마무리를 포함해 한일 역사 화해를 위한 새로운 포괄적 틀로서 '한일 화해재단' 설립을 제안한다. 이 재단은 1965년 청구권 협정의 합의 내용을 인정하고, 1998년 한일 파트너십 선언의 정신을 계승해 미래를 향한 화해 사업을 수행할 수 있을 것이다. 여기에 필요한 재원은 양국의 기업과 개인, 그리고 뜻을 공유하는 세계시민들이 참여하는 '한일 화해기금'으로 충당할 수 있다. 양국 정부도 기금 조성에 참여하길 기대한다. 한일 화해를 위한 포괄적 재원으로 제3자 변제금도 여기에서 충당할 수 있다. 이는 강제징용 문제를 해결하기 위해 2019년 문희상 당시 국회의장이 제시했던 이른바 '문희상안'의 계승 또는 변주라고 할 수 있다. 당시 문희상 의장은 높아진 대한민국의 위상과 국격에 걸맞게, 한편으로는 지난날 국민이 입은 상처에 대해 책임 의식을 갖고, 다른 한편으로는 일본의 입장을 포용해 '기억·화해·미래재단'을 설립하고 양국의 기업과 개인이 자발적으로 기금에 참여한다는 법안을 발의했다.

문희상안이 갖고 있는 획기적인 의미는 기금 모집 과정에서 찾을 수 있다. 양국 정부와 민간이 한일 화해라는 대의를 향해 함께 모금을 진행하는 과정 자체가 화해였던 것이다. 아쉽게도 당시엔 여야 합의를 통한 법안 제정이 무산되면서 더 이상 진전되지 못했다. 만약 한일 화해재단 설립에 여야가 합의하지 못한다면 반민반관 형태의 재단을 설립하는 것도 대안이 될 수 있다.

권력 기반이 취약한 이시바 총리가 일본 내 반발을 우려해 선뜻 친한(親韓) 정책을 펼치기는 쉽지 않다. 하지만 그가 총선에서 패배한 건 한일 문제가 아니라는 점을 고려했으면 한다. 총선 패배는 그가 친한 인사라는 인식보다 오히려 지난해 불거졌던 집권 자민당의 불법 정치자금 스캔들, 그리고 집권 이후 평소 자신의 지론과 달라진 언행에 대한 일본 국민의 실망 때문으로 보는 게 맞다. 총선 패배는 자민당의 기존 노선과 차별화를 시도했던 그가 총리가 된 뒤 자민당식 관성에 안주하려 하자, 변화를 바라는 일본 국민들이 내린 준엄한 심판이었다. 이시바 총리가 한일 화해재단 설립에 협력하고, 한국과 함께 미래를 향해 나가려는 노력에 나선다면 일본 국민도 기꺼이 지지를 보낼 것이다. 미국의 리더십 교체로 불확실성이 커진 국제 정세에 한일이 공동으로 대응하는 데도 긍정적인 요소가 될 게 분명하다.

한국, 일본을 포용하다
한일 화해 3.0을 향하여

초판 1쇄 인쇄 2025년 01월 03일
초판 1쇄 발행 2025년 01월 10일

지 은 이 박홍규

발 행 인 한정희
발 행 처 경인문화사
편   집 양은경 김지선 한주연 김한별
마 케 팅 하재일 유인순
출판번호 제406-1973-000003호
주   소 경기도 파주시 회동길 445-1 경인빌딩 B동 4층
전   화 031-955-9300 팩스 031-955-9310
홈페이지 www.kyunginp.co.kr
이 메 일 kyungin@kyunginp.co.kr

ISBN 978-89-499-6836-0 03910
값 17,000원

저자와 출판사의 동의 없는 인용 또는 발췌를 금합니다.
파본 및 훼손된 책은 구입하신 서점에서 교환해 드립니다.